高层管人 中层管事

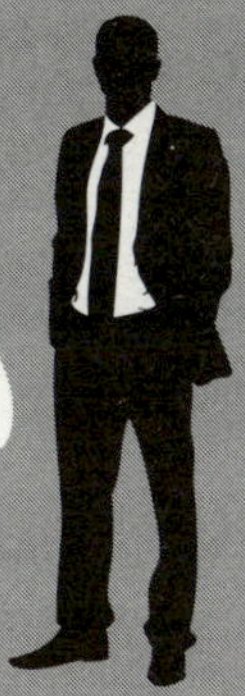

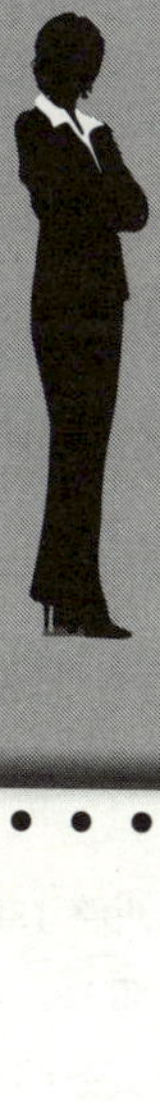

第一套中高层管理智库

孙平 编著

中国财富出版社

图书在版编目（CIP）数据

高层管人　中层管事 / 孙平编著 .—北京：中国财富出版社，2014.7
（华夏智库·金牌培训师书系）
ISBN 978-7-5047-4863-8

Ⅰ.①高…　Ⅱ.①孙…　Ⅲ.①企业管理　Ⅳ.① F270

中国版本图书馆 CIP 数据核字（2013）第 228963 号

策划编辑　刘淑娟　　责任印制　方朋远
责任编辑　刘淑娟　　责任校对　杨小静

出版发行　中国财富出版社
社　　址　北京市丰台区南四环西路 188 号 5 区 20 号楼　邮政编码　100070
电　　话　010-52227568（发行部）　010-52227588 转 307（总编室）
　　　　　010-68589540（读者服务部）　010-52227588 转 305（质检部）
网　　址　http://www.cfpress.com.cn
经　　销　新华书店
印　　刷　北京京都六环印刷厂
书　　号　ISBN 978-7-5047-4863-8/F·2146
开　　本　710mm×1000mm　1/16　　版　　次　2014 年 7 月第 1 版
印　　张　14.5　　印　　次　2014 年 7 月第 1 次印刷
字　　数　200 千字　　定　　价　35.00 元

前　言

每一家企业都追寻持续发展，以应对越来越激烈的竞争格局。一个企业最大的成本是什么？人力成本，硬性支出？所有的成本只要有产出，都不算作成本！其中起决定作用的，毫无疑问是“人”的成本，所以，我们很容易理解：企业最大的成本是有一群未得到合格训练的员工！再深入思考一下：企业是否有一群不合格的管理者呢？答案很明确。这也是为什么近年来很多企业花费血本做员工培训，却得不到良好培训效果的根源。再好的培训，没有管理层的精细跟进，没有管理系统的持续实施，培训只能停留在理论层面。管理竞争力由此凸显！企业综合竞争力的打造是一个永恒话题，而管理层的综合能力水准是一家企业软性竞争力的核心坐标。

工作中，经常有管理者抱怨工作的繁忙，总有忙不完的事，总有加不完的班，总有挨不完的骂，总有吵不完的架等诸多不和谐声音。作为一个管理者，无论是高层还是中层，首先要清晰深刻地认知管理定位的重要性，即自己该干什么，不该干什么；擅长什么，缺少什么；如何提高，如何学习？这样才能充分调动自己的每一根职业神经，充实大脑，不断提高品质与效率。

管理不只是“管人理事”，也不是事必躬亲，到处救火，故步自封那么狭隘；更不是滥施权力，吆五喝六，指手画脚，让下属对你俯首帖耳那么简单。管理是一门学科，却不能科班主义；管理是一门艺术，但不能教条格式；管理是一项技能，绝不是生搬硬套；管理还是一种职位，但受不起官僚作风。管理者要“驭己”有法，以人及己，博采众长，内外兼修，实现管理提升的不懈追求；管理者还要“驭人”有术，以己及人，启发思维，启迪智慧，通过管理团队来体现自己的职业价值。

管理者的管理技能考究的是自身的综合能力，需要你的思维能力，需要你的决断能力，需要你的沟通协调能力，需要你的专业能力，也需要你的判断能力，还需要应变能力等。管理能力可以来自书本，因为你会懂得，但更多的须来自实践，因为你需要积累、沉淀、总结，最后转化为你自己的经验，管理的真理来自管理者自己的梳理。只有在实际的工作中，你才能体会到务实的逻辑，只有在实践中，你才能验证一套管理理论是不是可以落地？该如何落地？只有实践的方法，你才会理解如何让下属又好又快地完成工作任务？只有可控的方式，你才能洞悉并掌控下属的心理，为共同目标全力以赴。

管理是一门学问，个中精髓不可能用一本书全部概括。处在当今知识、信息爆炸的时代，不学习意味着落后与退步！本书从工作、生活中的常见现象和问题入手，结合丰富的实例，不仅教给你正确的面对方式，更重要的是教给你在面对重重的管理难题时，应该具备怎样的职业技能和必要方法，它可以帮助你获得最直接的体验，得到最深刻的领悟。帮助你在实践中获得务实而有效的提升。打开这本书，或许是你寻求自有管理真谛的开始；打开这本书，也许属于你的成功就在你的阅读之后！

感谢无数导师前辈，贡献汇集了本书的知识智慧；感谢无数我管理技能课程的学员，支持鼓励本书完整呈现；同时还要感谢一直合作共进的机构和我的团队，台前幕后默默的坚守和付出；特别感谢我的家人和挚友，因为有你们我才得以义无反顾一路前行。

孙 平

2014 年 3 月

目　录

第一篇　管人须智慧，管事明是非

第二篇　高层管人“五部曲”

第三篇 中层管事须高效

第一篇

管人须智慧，管事明是非

第一章　角色定位管理 ——中高层管理者必备正确认知

管理者也需要领导力

随着组织规模的扩大，再伟大的企业掌舵者也不可能时刻对组织内的所有员工产生影响，此时，管理者的作用尤为重要。好管理者是一团火，能够点燃团队激情，挖掘员工潜力。如果管理者拿掉头衔后，还能够赢得员工的赞许、尊重和追随，才称得上是真正的领导力。

现在的员工已然无法忍受千篇一律的工作，他们都是聚集在一起的聪明人，若事事仅听领导指挥，不发挥主观能动性进行思考，从个人的角度而言可能变成一个平庸的人，从企业的角度而言便是损失了重要的才志资源。

面对这种情况，管理者需要挖掘员工潜能，强调鼓励和激励员工。但这其中往往会出现新的状况，即员工为接受命令完成任务没有多余的时间进行独立思考，并发挥自己的创新潜能。因此，管理者领导力的要素应是在保障员工既得利益的前提下，授权给员工更多的空间进行思考与创新。

Google 公司的做法是，允许工程师在 20% 的时间里 (按 8 小时工作制计算相当于1.5小时),从事自己喜欢的项目或技术工作,这一制度一经实施，就收到了意想不到的出色效果。因为有了 20% 可以自由支配的时间，许多拥有出色创意但没有时间付诸实施的工程师可以花费自己 20% 的时间，或者说服两三个同事一起在这 20% 的时间内完成某个出色创意的产品原型。而为使这一举措更有效，需要给员工预先设定好工作目标和框架，当然不要过于限制；需要给予员工足够的信息和支持，建立一个互信互助的团队。

领导力≠管理能力。领导力是带领团队奋斗的艺术。成功的管理者通常会把企业的发展方向和远景传达给员工；为团队的变革和发展确定方向；把员工组织起来，对员工进行激励和鼓舞，带领员工应对变化、处理危机、实现目标（见图 1）。

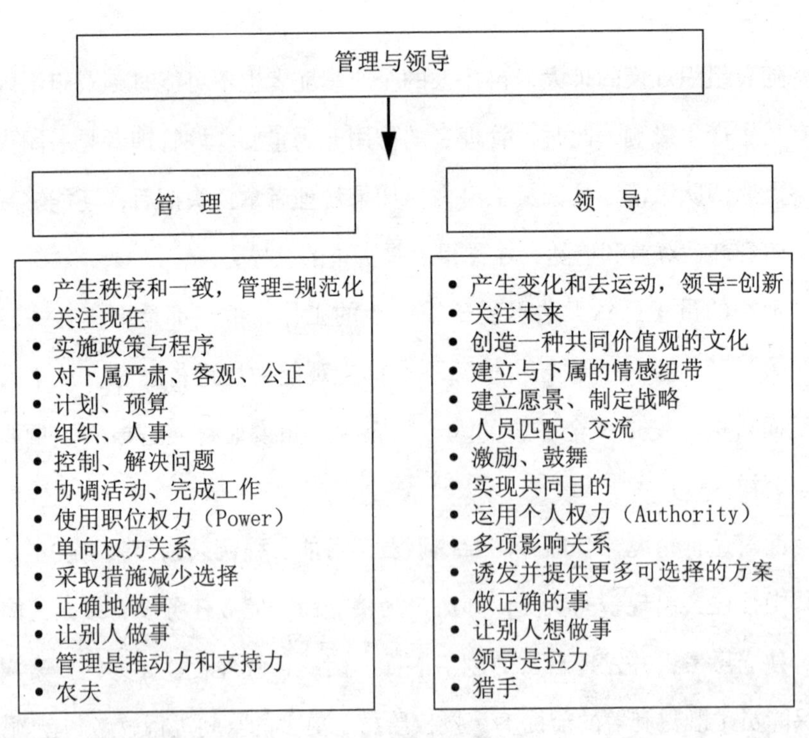

图 1　管理与领导的内容

领导力的第一要素就是指明道路。管理者首先是将企业的愿景与员工分享与交流，加深员工对企业发展的理解，提高员工对企业的认同度；其次，让员工参与到部门或专业领域规划中，就团队的变革与发展方向达成一致，并且强调员工的重要价值，使员工有燃情的目标；最后，日常工作中，为员工发展指明道路、关心员工成长，促使其更好地服务团队和企业。甚至小到一份汇报材料，不纠结于细节问题，而是掌握脉络、抓住重心和解决方向。

不同于20世纪的管理培训，现在许多优秀的企业坚持推动领导力革新，旨在帮助中高层适应瞬息万变的环境，应对更为多元化、更为开放的行业和组织环境，同时更期望以领导的转变带动整个企业迈向成功。管理能力的提升是管理者自身须具备的硬性要求，领导力的塑造，则是管理者不断追求的软着陆！管理者也需领导力。

管理：三分“种”七分“管”

谚语有云“三分种，七分管”，是指在农业生产中，要想有收成，首先得“种”下一颗优良的种子，之后，还要对种子进行养护管理，比如浇水、施肥、除草等，这样才能获得丰收。如果只管埋下种子，而不管它后来的发展，就算种子发芽了，也会被虫吃，或旱或涝，更有可能杂草丛生，这样下去有没有收成都是个未知数。

没有后续的养护管理，再好的种子也难以成才，这就是没效率的体现。对管理者而言，“三分种，七分管”，管理不能止于会议、制度、口头上的“种”，而应注意调控员工工作行为的延续性，重视员工平时的“管”，毕竟不是所有的员工都有很好的自觉性和自制力。

小陈从哈佛大学毕业后，一直在一所大学里任教，在工作中她发现学校教师的流动性太大了，真可谓铁打的营盘流水的兵。究其原因，是管理者在招聘时视自己为“救世主”，把对求职者的聘用视为一种施舍和恩赐，一点关爱员工的氛围也没有，可以说是只管“种”和“收”，中间的“管”则完全忽略。因此，致使很多被雇用者在本校混上几年，度过理论知识与实践的磨合期后就走人。虽然学校聘请了很多有名的人来授课，可一直无法提升学校的知名度和业绩。一次，管理者感叹不已地找到小陈询问本校留不住人的原因，还抱怨说自己给予他们的工资在本地同行之中是最高的，但却留不住他们。是啊！为什么会留不住人？小陈一针见血地给管理者指出了症结所在：缺乏后续管理，缺少关爱员工的积极氛围，效率低下。

因此，管理者要发挥“管”的精神，常常找下属谈心，充分了解下属对单位发展的看法，以及其心态、情绪变化、自己工作的反馈等，以利于更好地开展工作。每个职员都想得到上级的重视和能力的认可，这是一种心理需要，常和下属谈谈话，对于形成群体凝聚力、完成任务和目标有着重要的意义。

管理者应该认真倾听员工的建议，最好能够一一记录在册，如果员工的建议与构想被采纳，可以张榜公布，以奖金作为奖励。奖励一个人，激励上百人，所有员工的干劲调动起来了，效率自然会节节攀升。

所以管理者不应将“种”和“管”割裂，把它们看成完全对立的部分，认为管理者的责任就是制定完美的策略、宏伟的计划，其余的就交给下属去做就行了。这看起来似乎也没什么问题，可经常会出现许多问题：管理者作出很多非常正确的策略，然而企业最终却难逃失败的结局，为什么？主要是因为“种子”虽好，但缺少养护，因而难以茁壮成长。当然，强调“管”并不是要管理者事必躬亲。管理者不妨扪心自问：“还有人比自己更了解企业的人员、营运以及所面临的内外部环境吗？”管理者必须看清自己的位置，才能对问题有全盘性的了解，才能促使各项计划如实得到施行和实现，不至于心血付诸流水。

另外，在“管”的过程中，管理者可以及早发现企业中存在的问题，并及早地解决问题，推动事情的顺利进行。而且，如果发现某项计划不切实际，管理者可以及早停止，避免浪费人力物力，给企业造成损失。

“三分种，七分管”，重视“管”的重要性，全面了解企业、员工的动态，平时多关心员工工作生活，核查各项制度或计划的实施情况，力争避免人浮于事、走流程的无效办公模式。一个合格的管理者，至少不要成为企业负资产，浪费企业资源。除了能系统“种”在前，更多要精细“管”在后！

授权成放权，下属胡乱干

不管是高层还是中层，面临的事务纷繁复杂，任何管理者都不可能独揽一切，授权是大势所趋，是明智之举。合理地授权，使自己重在把握大局，轻于具体事务，以便有更多的时间和精力去抓大事，控全局。同时，合理授权还能有效地调动下属的积极性、能动性和创造性，激发下属干劲，增强下属才干，从而提高领导效率（见表1）。

表1　　各层领导如何授权

分配层次	管理他人（%）	自己做事（%）
高层领导	80	20
中层领导	50	50
基层领导	30	70

授权的原则关键就是适度授权，就是指领导者授予下属的决策权力的大小、多少与被授权者的能力、所要处理的事务相适应，授权不能过宽或过窄，要坚持智能授权与因事授权。

如果授权过宽、过度，超过被授权者的智能所承担的限度，会出现小材大用的情况，超过所处理事务的需要的过度授权，就等于领导者放弃了权力，导致下属的权力泛化，授权成放权，下属胡乱干。

授权过窄不足，则不能充分调动下属的积极性，不能充分发挥其才能，出现大材小用，且不能充分地代表领导者行使权力，处理相应的事务，还得事事请示汇报，领导者仍不能从繁杂的事务中解放出来，达不到授权的目的。

授出去的权力，并不是让出去的权力，应该摆正好心态。可以放手让下级去行权，但是最终的决定权还在自己手中，这就是“放手而不放任”。一旦发现下级没有按照自己原先的授权意图行事时，领导者就应该及时地负起责任，摆出“在其位，谋其事，负其责”的领导架势，对权力有所制约。

要掌握好“放手而不放任”的控权艺术，就必须处理好信任和防范的关系。我们知道，信任是充分授权、下级行权的必要基础，只有信任才能保证授出去的权力发挥最大效益。但信任并非单纯、简单的放手不管，还需要监督和防范作为信任的保证。为了贯彻适度授权原则，领导者在授权时应注意将精确性授权与模糊性授权相结合、刚性授权与柔性授权相结合，并以模糊性授权、柔性授权为主，使被授权者有较大的自由思考、决断的空间，以及充分的行动自由，并能“代替”上级领导者发号施令，这才符合授权的本意。

然而信任和防范二者的度该怎样掌握？到底该给多少信任、多少防范呢？我们来看下面的例子：

刘邦在建立汉朝之后，开始对功臣们论功行赏，他认为第一功臣应是萧何。萧何不仅在刘邦还是一介草民的时候就与刘邦交情深厚，而且在刘邦起义后，萧何一直跟随他，负责刘邦后方的后勤工作，在汉朝建立的过程中，立下了汗马功劳。

刘邦对萧何相当的信任，才将自己的重要后方阵地都交与萧何管理。直至刘邦称帝以后，为了确保刘姓江山的巩固，镇压叛乱时，也还是让萧何留守京城。刘邦虽然信任萧何，但是绝没有放任不管，不加防范。

公元前204年，楚、汉两军在荥阳对峙时，形势极其紧张。在前方打仗的刘邦，几次派使者回去“慰问”留守关中的萧何。表面是慰问，其实是在对萧何的情况进行监督。这时，萧何的门客鲍生看出了端倪，偷偷地对萧何说：“现在汉王在外面出生入死，却几次派人慰问留守后方的您，这是对您的怀疑呀！丞相您只有将家族中凡是能带兵打仗的子弟送到前方，方能解除汉王的疑心。”

于是萧何采纳了他的计谋，随即派遣本家中的兄弟子侄，让他们亲自押送粮饷至前方效力。刘邦见萧家子弟前来，很是高兴，亲自接待并问萧何的近况，萧家子弟都说：“丞相一切安好，只是担心大王栉风沐雨，驰骋沙场，恨不能亲自相随，分担劳苦。现在派我等前来投军，愿大王收用。”刘邦听完此话，才打消了对萧何的疑虑。

刘邦在控权的艺术上，将信任与防范的尺度拿捏得非常到位。既给予下级足够的信任，同时也不放松对下级的监督和掌控，这样才能保证下放的权力不至偏离最初的目的。

因此，领导者在授权的同时，应注意采用正确的方法，使下属有自主的选择性、灵活性。一般来说，领导者在授权时，只明确作为被授权者的下属所要完成的任务和组织目标，一般不规定下属实现任务、目标的途径和方法，并赋予被授权者在任务、目标变化之后有自主调整任务和目标的权力，这样才能达到授权的目的。

定位认不清，角色放错位

每个中层领导，都应该明确自己的定位。一方面，只有了解自己，认清自己的角色定位，才能尽快进入领导角色，顺利打开局面，做出成绩；另一方面，对自己有一个准确的定位，“知己知彼”，才能在工作中更好地树立自己的领导形象，得到上司的赏识、下级的追随。

“处其位”就要“谋其职”。中层是企业发展过程中的关键层，扮演着双重的角色，决定了中层要想当好管理者，首先必须明确好定位，摆正位置。

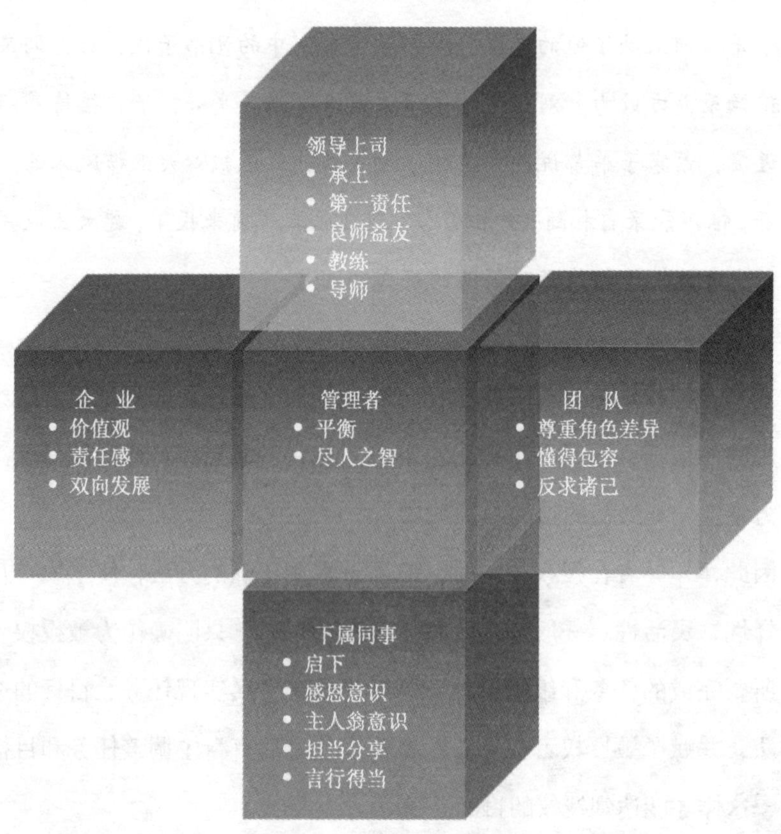

图2 不同角色的定位

中层管理人员作为企业干部队伍中的中坚和骨干，既是行政职能的具体承担者，又是行政职能的具体执行者，具有承下启下、沟通信息和连接上下的特点，发挥着中转站和推动器的作用（见图 2）。

世界著名的盖洛普调查数据表明：对企业一线员工工作绩效的影响力，CEO 为零，而真正决定他们能否做出成绩的是一线经理，其影响力达到 40%。《改革的领导人》一书中认为：企业高层的魅力，恰恰就体现在把最合适的人摆在最正确的位置上，善于调动中层管理者的潜力，发挥他们的作用，发展和壮大改革领导人的队伍。由此不难看出，中层管理者在企业改革、发展和稳定中的重要性。

对于企业中层管理者来说，可以从以下四个方面进行准确定位。

1. 站在上级的角度当好下级

胸怀全局的中层管理者，对企业的核心价值观应该有深刻的体会和认识，因而能忠诚于企业的可持续发展之道而非忠诚于企业高层的某个人或某些人。

只有从站在上级的角度来考虑做好下级，才能站在全局谋局部、站在整体谋部分、站在系统谋环节、站在过程谋阶段，这样的中层管理者，既具全局眼光又有局部行动能力，才是企业不可多得的将帅之才。其为将者，因其有完胜一役之能力；其为帅者，因其有运筹全局之谋略。

2. 站在群众的角度当好领导

相对自己的部属而言，中层管理者是上级。但要当好上级，仅仅从上级的立场出发还不够，还要学会从下级的角度思考问题，才可能成为明智而合格的上级。

只有站在下属的角度换位思考，才能把准下属员工的脉搏，深入员工的内心，真正做到集思广益、群策群力，从而提升自己的领导能力和管理智慧。反之，如果上级不知下属所思、所想和所求，再能干的中层管理者，也可能陷入个别人或少数人的空忙之中，缺乏来自下属员工心悦诚服的响应与追随。

3. 站在服务对象的角度做好服务

企业的所有工作都是服务——上道工序为下道工序服务，部门之间相互服务，企业的产品为客户服务，最终达到为经济社会服务的共同目的。

称职的中层管理者首先要有为内部服好务的意识与能力：为上级领导服好务，为其他部门服好务，为下属员工服好务。服务，意味着真诚的付出，必须拒绝弄虚作假；服务，意味着勇于承担责任，必须拒绝推过揽功、逃避责任；服务，意味着创造价值，既为自身创造价值，也为上级、同僚和下属员工创造价值，并通过帮助他们成功而实现自己的成功，创造人生的自我价值。

4. 站在其他部门角度当好同僚

每一个中层管理者，一般都担负着企业中某一部门、某一方面、某一环节的具体工作，很难避免“本位”倾向。这种“本位”属职责所在，无可厚非。所谓做好各自的本职工作，就是要在各自的“本位”上各谋其政，为企业的整体优化和整体实力的提升添砖加瓦。但是，企业工作的各个部门、方面和环节是一个有机整体，需要各部门、各方面、各环节之间有良好的配合，才能取得整体大于部分之和的效果。

因此，要想成为一名优秀的中层管理者，必须具有以下的胸怀和素质：既能从全局中找准“本位”，又能从与其他部门的相互联系中找准“本位”；既能从“本位”实际出发量体裁衣，又能从其他部门、其他方面和其他环节对本部门、本方面、本环节的需要出发，为“他人”补好台、做好嫁衣；既有胜任“本位”的能力和负责精神，又有与其他部门和方面良好合作的能力和团队精神。当企业面临一些突发的紧急而又重要事件、一时尚无法明确划分部门或个人责任时，优秀的中层管理者不会认为“事不关己”，而会主动承担艰巨的任务，积极提出问题的解决方案或建议，自愿为上级分忧，为企业分忧，即使充满风险也在所不惜。

管理责任，敢于承担是基本能力

春秋战国时期，晋国有一名叫李离的法官。他在审理一件案子时，由于听从了下属的一面之词，致使一个人冤死。真相大白后，李离准备以死赎罪。晋文公安慰他说：“官有贵贱，罚有轻重，况且这件案子主要错在下面的办事人员，又不是你的罪过。”李离却说：“我平时没有跟下面的人说我们一起来当这个官，拿的俸禄也没有与下面的人一起分享。现在犯了错误，如果将责任推到下面的办事人员身上，我又怎么做得出来？”最后，他还是选择了以死赎罪。

一流的中层管理者清楚地懂得，对集体负责、对工作负责、对上级和下属负责，其实恰恰就是对自己最大的负责，能为自己获得最大的发展机会。

中层管理者如何才能更快地发展？要想有大发展，必须要敢于承担，因为承担是发展的加速器！在领导者眼中，中层管理者的承担力尤为重要，它代表了一位中层管理者的能力水平，也显示了自身的潜力。

别人不愿意做的事情，在领导者心中，也是一个难题。此时，你若能承担，无疑帮助上级医了一块心病。别人最不愿做的事你愿意做，才能体现你的境界；别人最不敢做的事你敢做，才能显示你的才能和魄力。承担得越多，获得的信任越大，一流的中层管理者，必然最有承担力。如果我们承担得越多，领导对我们的信任也就越大。

在这一点上，著名的巴顿将军就给所有的中层管理者起到了表率作用。

在诺曼底战役中，盟军总司令艾森豪威尔任命了一个军官到第三集团军当师长。巴顿就是第三集团军的司令。当巴顿听说这个消息后，立即表示反对。巴顿认为这个人很无能，不愿意让他在自己手下工作，但艾森豪威尔仍一意孤行。此后不久，巴顿最担忧的事发生了。这位军官果然把事情搞得一团糟，打了败仗。这时，艾森豪威尔意识到了问题的严重性，就命令那个军官辞职。巴顿却表示“决不让他辞职”，这大大出乎所有人的意料。

在一开始，最先提出不让这位军官任职的就是巴顿，而此时，他又不愿意辞退这位无能的军官了。面对艾森豪威尔的质疑，巴顿斩钉截铁地给出了这样的回答：“虽然他表现不佳，但那时他是你们多余的军官之一，而现在他是我的部下，我就要承担他的一切，无论好坏。”此话一出，所有人都为之动容，而那位军官，更是对巴顿非常感激，从此奋发努力，真的成为了独当一面杰出的军官。

巴顿将军的这一做法，产生了三大效用：其一，使那位军官对他心存感激，奋发向上，成为真正的可用之才；其二，让其他人愿意围在他身边，死心塌地地听从号令；其三，让上级对他刮目相看，认为他是一个不会推卸责任、勇于担当的好中层。在巴顿将军身上，有一个鲜明的特点：非常善于将一群乌合之众，打造成一支所向披靡的铁军。

通过上述例子，你就不难明白，为什么巴顿将军能够做到这一点了。对上级，巴顿无限忠诚，而对下级，又非常有承担力。这样的中层，上级信任，下级拥护，理所当然地拥有最广阔的发展前景。综上所述，一流的中层必是最有承担力的中层。他们不但对自己工作范畴之内的事情尽职尽责，更会主动承担额外的工作。正是这样的承担力，让他们获得了快速发展的机会。

其实，中层管理者的承担力能够加速我们的发展，使我们迅速脱颖而出，成为组织的栋梁之材！在大多数人的印象中，领导者最欣赏的是“忠臣”式的中层。但实际上，仅有“忠”，已经不能适应时代的发展。最好的中层，不仅是忠臣，更要是能臣！“忠诚”固然重要，但如果少了“能力”，就永远停留在一个层面上，既不能推动组织的发展，也无法让自己再上一个台阶。因此，作为一流的中层管理者，必须具备“忠与能”的双重素质。

本章小结： 每个中高层管理者，都应该明确自己的定位。“处其位”就要“谋其职”。中层是企业发展过程中的关键层，扮演着双重的角色，决定了中层要想当好管理者，首先必须明确好定位，摆正位置。一方面，只有了解自己，认清自己的角色定位，才能尽快进入领导角色，顺利打开局面，做出成绩；另一方面，对自己有一个准确的定位，“知己知彼”，才能在工作中更好地树立起自己的领导形象，得到上司的赏识、下级的追随。

第二章 层次职责明细
——中高层管理者各司其职

集权与分权的平衡

管理是个写“V”字的过程，向下落笔是坟墓，向上提笔是胜利。管理工作是一项需要多动脑子的工作，在考虑问题时需要面面俱到，切不可只看到事情的一个方面就轻易下决定。应一切以企业的发展、员工的合理利用为目标，考虑周全，才能做出比较完善的决定。

在企业的管理中，权力分配和制约一直是个令老板头疼的大问题。在实际的企业管理中，往往出现“一放就乱、一乱就收、一收就过、一过再放”的怪圈。

如果集权过多，会造成下列情况：高层职责不清，总经理更像是部门经理；各级管理者都在忙于救火；审批流程很长，但大家对签字都不负责；公司很多事无法开展，因为都得等总经理批；大家都习惯于请示，工作主动性和责任心不强；总经理在公司有绝对的影响力，但总经理一旦离开公司就无法正常运转……

如果分权过多，往往又会出现下列情况：

（1）市场策略无法有效贯彻执行。各中层总是从自己利益出发，有选择地执行上面下达的市场命令：对我有利的，我就执行；不利的，我就不执行，或者敷衍一下，反正法不责众，高层也拿我没办法。

（2）中层领导在所属部门耕耘十数年，树大根深，势力极强，容易形成割据局面，高层骂不得、碰不得、迁不动。

（3）严重者，中层经理形成自有循环，除了向高层礼貌性的请示外，其他一切全自己说了算。

集权好还是分权好？集权多一些好还是分权多一些好？是先分权后集权，还是先集权后分权？实在难以机械定论。集权和分权的关系，究其实质，是一种平衡的艺术。

有一个众所周知的“钟摆运动理论”。该理论把集权和分权比喻成钟摆的两极，挂钟的钟摆一会儿向左，犹如某一时期强调集权；一会儿向右，犹如某一时期强调分权。如此循环往复，互为更替，不停地在集权和分权中两极间摆动，从而在摆动中达到动态的平衡。

什么状况是“集权多”，什么状况是“分权多”？究竟何时该向左集权，何时该向右分权？这些定性描述的背后，有没有一些隐约的规律和思路可资借鉴呢？具体可以从以下六个方面来斟酌和审视。

1. 企业的生命周期

根据生命周期理论，企业会经历形成、成长、成熟、衰退四个阶段。在不同阶段，计划的时间长度和明确性应做相应调整，从而也应有不同的组织集权与分权。

在企业初创阶段，一切从头开始，管理者应当更多地依赖指导性计划，多给下属一些见机行事、自主决策的空间。因为在此阶段，目标是尝试性的，资源的获取具有很大的不确定性，辨认谁是顾客很难，而指导性计划可以使当事主管随时按需要进行调整，组织也就有了很高的灵活性。

在成长阶段，随着目标趋于确定、资源相对容易获取和顾客忠诚度的提高，计划也应更具有明确性和具体性。这时，往往需要进行战略定位，或者进行文化革命和流程重组。企业不再允许存在意识形态的太多分歧，需要逐渐集权，统一方针政策，集中调配有限的人力、物力等资源，明细企业的规章制度，优化各种工作流程和预算。

成熟期是一个相对稳定的时期，因此更适合制订长期计划和更强的集权。

一旦从成熟期进入衰退期，企业就要重新考虑目标，重新分配资源，计划也要从具体性转入指导性。短期计划和适度放权能释放最大的灵活性，因为它将充分发挥各管理层的主动性和积极性，把握各种可能的机会，使企业渡过难关，迎接第二个春天。

2. 企业结构

如果是专业化的企业，在该领域积累了形形色色的经验和心得，对消费习惯和行为也了然于胸，市场运作轻车熟路，就可以搞“大一统”集权，领导者即便“一言堂”也不会错到哪里去。

娃哈哈前董事长宗庆后对于中国三四级城市的食品市场，有“超人”的直觉和灵感，再加上他每年有200天时间深入在一线，深知民间冷暖和消费者需求。所以，如果娃哈哈只是做三四级市场的食品，宗庆后完全可以用个人的威望和专长实施高度集权，相信决策的正确度“八九不离十”。据说，娃哈哈所有的成功产品，无一不是宗庆后的手笔。

如果是多元化的企业，就应该分权，没有哪个人敢宣称是所有领域的专家；如果有，这个人就不是人，而是神了。试想：有一天娃哈哈心血来潮，想搞服装或者连锁加盟，建议娃哈哈最好另请高明，不要毁了自己的一世英名。

3. 管理制度

企业的管理制度越严密且健全，越可以分权，各中层在制度框架内办事，用制度来管理企业的运转，没有必要用长官意志和行政命令强行集权；反之，制度不健全甚至没有制度，则要集权，因为这个时候分权，下面各行其是，没有章法，就会“一放就乱”。

4. 规模

如果只有几十条枪，百十匹马，全部家当都可以一览无余地暴露在老板的眼皮底下，自然无须分权；但如果“将十万之兵”，还大权独揽，让“在外之将”独听君命，则必败无疑。

例如：年销售5000万元的企业，老板一个人说了算，问题不大；但要突破1亿元，恐怕就要分点权力给中层，甚至“分封”，搞“内部虚拟承包”，激发全员上下把企业做大（先做大才有机会做强）——江苏隆力奇创业之初就是“分封诸侯”的典型；但想要继续突破5亿元，可能就要发动一场“政体”革命，实施战略聚焦而削藩，适度的集权就有必要。

5. 决策者能力

决策者能力高，采用集权模式；反之，采用分权模式。

中国成功的企业一般都采用集权模式，集权的背后一般都有一个能力特强的决策者。决策者能力强，好比有三头六臂，管理幅度和管理范围比一般人要大，什么事情都要亲自过问，这在逻辑上也是通顺的。

但集权模式下的工作效率如何？中层会不会有很多事无法及时开展？中层会不会都习惯于请示，工作主动性和责任心沦丧……这些问题倒值得那些自恃能力强而搞集权的领导者深思。

6. 决策内容

一般而言，战略层次的决策，由高层决定，中层对战略层面的东西既不太懂，也不太感兴趣；但对于战术层面，尤其是与员工自身利益息息相关的决策（比如薪酬、升迁、奖惩体系等内容），高层应与中层分享一些权力。即便高层“朕意已决”，也不妨放下身段，“共同商量”或者“征求多方意见”，为专制添几分“仁慈”。

由集权到分权，或者由分权到集权，不是简单地向原先的制度框架回归。好比挂钟的钟摆，其幅度、位置虽然没有改变，但此时已非彼时，在不同阶段下集权和分权都被赋予不同的内涵，它是一个螺旋上升的过程。

总之，集权和分权的关系，是一个在摆动中平衡的艺术。在物理学上，钟摆的摆幅可以计算，但在企业管理领域，我们就很难定量计算集权和分权的摆幅大小了。

但不管怎样，任何钟摆一定有一个轴心和一个中轴，否则就不能称其为“钟摆”。转换到集权和分权的关系中，同样有一个轴心和一个中轴。

● 一个“轴心”：权力跟着信息走。

任何一个企业，信息资源一定是相对分散的。企业规模越大，分支机构越多，产业越多元化，信息资源就越分散。足够且正确的信息，是科学决策的基础。因此，谁拥有信息，谁就有发言权和决定权。权力必须跟着信息走，才不至于决策错误。

● 一个“中轴”：规范化与制度化。

高层之间纵向权力划分的原则、内容、监督机制、违约处罚以及作业流程等，都制定出标准作业书，并共同遵循。当高层与中层权力机构发生权限争议时，一切以标准书为依据，而不是通过行政干预和人事任免手段来解决争端。

因此，领导者必须善于处理集权与分权的关系，只有平衡集权与分权，让各方都有权行使自己的职责，又不至于因为无人无权从中控制和协调而导致组织行为无序失控，组织才能健康有序地发展。

战略为先，战术精进

当今社会进入了战略家时代，布赖恩和斯文·斯密特在《管理策略的旅程》一书中提道：处理当今动荡环境的有力措施就是增加公司高层花在战略上的时间。让更多的高层领导处于战略对话，可以使公司更容易抓住新兴机遇，快速应对意想不到的威胁，并且及时有效做出决策。

这是个重大变化。在很多公司里，合作战略表现为许多个体企业负责人提出的平淡无奇的聚合策略。而其他公司里，表现为一个小团体领域，也许是由一个保护他或她的领域的军师领导，抑或首席执行官的专属领地。

有些高层人员因为功能性专业知识进入管理层，然而，包括业务单位负责人，甚至某些首席执行官在内的其他人都有很强大的执行力，但是缺乏战略思想。以下是两个能使所有高层领导变得更具战略的技巧。

1. 了解你所处行业的真正战略是什么

当高层领导者处于公司的上层时，不论是在工商管理学硕士课上、高层经理培养训练课程项目，还是企业培训或工作过程中，他们中几乎所有人都会面对一组核心战略框架。这些框架的部分力量在于能够应用到任何行业当中。

2. 发展可能带来突破的交流

一个更为合适的战略发展流程重视所有参与的高管的有效交流。在这样的环境下，寻找更佳更创新的方法交流战略所花费的时间很少被浪费，因为战略洞察省略掉了每个高管日常的信息泥潭。这需要约束，因为它经常诱惑人更进一步分析，因此，高管们可以更深层次把握问题，而不是交流设计确保每个人都能很好地掌握它们。增加高管制定战略的数量和多样性是不够的。领导中很多人也必须增强自身的战略能力。

而中层管理者要成为指挥家，不仅要有高的战术水平，更要有战略思维。这二者有何区别呢？战术针对的是具体性、短期性、局部性的问题，而战略针对的是基本性、长期性、整体性的问题。

联想集团现任董事长杨元庆在做中层管理者的时候，就是一位既有战术水平又有战略思维的好中层。联想刚刚成立微机事业部时，当时的市场情况非常不好，国产微机大都溃不成军，但联想却决定背水一战，这也是攸关联想生死存亡的一战。杨元庆临危受命，成为联想微机事业部的负责人。在巨大的压力下，杨元庆没有丝毫慌乱，反而表现出了一个指挥家应有的从容镇定。杨元庆一上任，立即运用了如下战术：远离战场紧张氛围，为稳定军心，他将微机事业部的办公室搬出中关村，另选了一栋写字楼。这里离中关村虽然不远，但是硝烟味却淡了很多，有利于团队人心的稳定。在这种平静的工作环境中，原来弥漫在微机事业部那种紧张得令人窒息的气氛得以缓和，每个人心里都开始渐渐恢复平静，认为“或许这场仗不是那样难打”，工作似乎也顺手了很多。

巧打广告，低投入，高成效开张的那一天大家都想热闹一番，可又没有钱做广告。杨元庆坐在房间里，从大玻璃窗看到街上车水马龙，忽然心生一计。他让下属把“微机事业部”贴在窗上，又写了“联想 386、联想 486、联想 586”，个个大字都能透过玻璃朝向大街。到了晚上又派一个人守在那里，弄个聚光灯照着，让街上的人全都一目了然地看到。“这跟做广告一样”，说这句话的时候，杨元庆表现得很得意。在运用战术的同时，杨元庆在心里对整个家用电脑市场进行了分析，迅速部署了两大战略：将“联想电脑”定位为“经济型电脑”。杨元庆看到，电脑市场在向家庭渗透，越来越多的人希望能够把电脑搬回家。但当时中国百姓的收入不高，而一些高档电脑却价格昂贵。于是杨元庆立志做物美价廉的电脑，以适应中国百姓的购买能力。

降低电脑成本，以达到廉价的目的。为了这个目的，杨元庆不惜改变元件的供应链。他对供应人员说："如果你给我的货不能又快又好又便宜，我就找别人。"后来他果然把价格昂贵的供应元件退回去不少。杨元庆和技术人员连续奋战了 40 天，想方设法地降低成本。他叫技术主将刘军再接再厉地减成本，刘军说所有的油水都挤得差不多了。杨元庆回答："不！还有！还有机箱！还有包装箱！还有包装箱里那些泡沫塑料！"就这样，新机箱很快就出来了，造价只有进口机箱的 1/8。就这样，在新电脑上市的 30 天后，公司的财务报表上两年来第一次显出乐观的数字：微机事业部已销售联想微机 5500 套。柳传志也在这一天接到报告：1994 财年第一季度微机销售指标提前 15 天完成了。就这样，在这场不见硝烟的战争中，联想成为最后的赢家。杨元庆则凭着出色的战术水平和战略思维一举成为联想的功臣，为其后来掌管联想奠定了坚实的基础。

杨元庆能够掌管联想，不是偶然，从上述案例中就可看出必然性。在做中层的时候，杨元庆一手把握了战术，一手把握了战略，既有了方法，也有了方向。战术决定了团队行事的技巧，而战略决定了团队的发展方向。

中层管理者能否拥有高超的战术水平和战略思维，决定了一个团队是走向成功还是走向平庸。那么作为一位中层管理者，如何制定战术和战略呢？根据问题制定战术，针对具体问题，进行具体分析，将问题逐个解决，逐个击破。

战略决策与战术决策的区别划分依据：决策调整的对象和涉及的时限，区别可以概括为以下三点：

（1）从调整对象看，战略决策调整组织的活动方向和内容，解决"干什么”的问题，是根本性决策；战术决策调整在既定方向和内容下的活动方式，解决“如何干”的问题，是执行性决策。

（2）从涉及的时间范围来看，战略决策面对未来较长一段时期内的活动，而战术决策则是具体部门在未来较短时期内的行动方案。战略决策是战术决策的依据，战术决策是在其指导下制定的，是对战略决策的落实。

（3）从作用和影响上看，战略决策的实施效果影响组织的效益和发展，战术决策的实施效果则主要影响组织的效率与生存。

战略决策和战术决策的关系：战术是为战略服务的，是实现战略的手段和环节。高层特点：全局性、长远性，属战略决策；中层特点：相对低层有全局长远性，属战略决策，相对高层有局部短期性，属战术决策。

高管做决策，中层强执行

做出正确的决策并不容易。但是，企业做出的种种决策在很大程度上决定着他们未来的成功。80% 的新产品在推向市场后都失败了，30% 的并购案给企业带来的价值远远少于它摧毁的价值。这些事实证明，在今天的商业环境下，决策的做出与实施是多么艰难。

在成为美国哥伦比亚大学商学院院长之前，哈伯德就说过，即使是在顶级商学院，那里的学生也应该好好了解下决策流程，因为这对他们未来的成功至关重要。“我担心的是，去念 MBA 的学生们虽然掌握了很多管理技能与技术，但对如何辨识机会或者如何在众多备选方案中做出选择了解得并不多。而正是这些有可能改变你作为一位商界人士的命运。”

真正成功的高层领导是如何做出艰难决策的？其实，这离不开一些基础的东西。每个高层领导都应该知道四大决策原则。正是这些原则指导着来自不同部门、行业的一流领导者走过风风雨雨。

1. 直奔信息来源

直奔信息来源意味着你要在一个非常广泛的范围内去搜寻信息。这是一项艰难的工作，你需要为此付出很多时间、心血，还有想象力。

直奔信息来源这一原则要求：第一，要把它作为日常必做的工作，在你的日程安排里分出一部分时间来“直奔信息来源”；第二，要通过在办公室“巡游”的方式与员工待在一起，特别是那些你不大会碰到的员工；第三，要开发固定的信息来源，包括培养固定的联络人员；第四，要善于移情，即把你自己放在“来源”的位置上，尽量去理解他、站在他的角度说话。

2. 克服对冒险的恐惧感

对企业而言，领导者过分投入地去研究损失的可能性，以至于忽视了事实本身，将造成极大问题。对损失的恐惧感会始终缠绕着他们的思维模式，他们会在明明赢的可能性非常大的时候，还是因为那一点点风险而退缩。

以石棉为例。

几个世纪以来，人们一直把石棉视为一种神奇的物质。但是在今天，这个词更多的是与正在遭受石棉沉滞症的矿工的形象联系在一起，这种肺部疾病使人呼吸困难。还有人因为石棉而患上间皮瘤，这种致命的癌症是因为人体吸入石棉微粒而引起的。

所以，当黑石集团的分析师们了解到公司正在考虑购进石棉产业时，他们给出的建议是放弃这宗交易。“最初的反应是，‘这是石棉，离它远点为好，它会把公司搞破产的’。”黑石的联合创始人施瓦茨曼回忆说。黑石是世界上最大的私募股权基金公司之一。

但是施瓦茨曼不害怕石棉，他很想了解它。如果黑石对石棉风险的了解多过其竞争对手，那么对公司而言就是一个有力的支持。他了解到在产品生产过程中，最原始的石棉原料都是密封在一个金属器皿里，有害物质根本无法产生。即使有什么风险，那也是非常小的。于是黑石继续了这宗采购，结果为公司带来很多利润。

培养征服风险的能力，你需要做到：一是确定是什么在驱动风险，当你面临一个风险较大的决策时，先问问自己是哪一两个关键因素造成了这种风险，你需要哪些信息以确定这种风险到底有多危险；二是要奖励那些敢于冒险且成功驾驭了风险的人。

3. 每天都把愿景牢记在心

很多公司都声称自己有愿景。聪明的领导者都知道，伟大决策的做出，需要的不仅仅是一个正确的愿景，还需要贯彻执行。

如果你和公司在做每一个决策时，都能把愿景牢记在心中，你将赢得两个重大优势。第一，你的工作将更有效率，因为你不会把时间浪费在讨论一些看起来很有吸引力，但却与组织目标相背离的选择方案上；第二，决策更为协调。因为愿景发挥了协同整个公司人力、物力的作用，这可以确保在公司任何部门做出的决策都可以无缝链接，成为一个完整的决策。

决策形成须遵循三条原则：第一，它必须对品牌有强化、促进作用；第二，它必须对顾客产生正面影响；第三，它必须是结合世界级经济圈现况而做出的。

每天都把愿景牢记在心，意味着：一是你要制定一个正确的愿景，它必须让员工兴奋起来，明确表述了公司的目标，并且能令公司与竞争对手区分开来；二是要将愿景转化为最重要的工作目标；三是保持弹性，也就是你不一定要死板地把它执行下去，而是要根据时势的变动做出改变。

4. 有目的地去倾听

有目的地去倾听，要求你必须做到以下几点。

第一，问正确的问题。明智的领导者会非常仔细地收集各方信息，但是他们的责任主要是从这些信息中找出问题根源。

第二，敢于挑战所谓的假设。对于每一个给你提供意见的人，你要明白，他所给出的信息是基于他心里已有的假设上的。你的任务就是找出这个假设是什么，然后挑战它。

第三，别忘记一线员工。一线员工虽职位较低，但他们具有实战经验。如果高管层肯倾听他们的声音，其工作积极性将大大加强。

而执行以上任何一个原则，都需要中层领导投入时间与精力。对于一项正确的决策来说，执行力越强，效果越好，越能够更加有力地促进行业的改革与发展。对于不切合实际甚至错误的决策，则会“南辕北辙”，执行力越强，负面效应越大，给企业带来的损害也就越严重。

所谓执行力，通俗地来讲，就是指执行决策、完成任务的能力，是企业贯彻落实决策，达成任务目标的重要途径，属于企业管理的范畴。执行力是企业竞争力的重要组成部分，是决定企业成败的重要因素。没有执行力，再好的决策也只能是一句空话。

执行力不强，有执行者素质不高、执行不力的原因，也有管理者宣传不够、监督不力的因素。提升企业执行力，不能只要求执行者应该怎样去做，更要综合考虑，从决策的制订、宣传、执行和监督等各个环节寻求突破。

提升执行力，提高执行者对决策的认知程度是关键。既然决策的执行是一个双向互动的过程，那么，要确保决策的深入贯彻，就不能搞“单边主义”，仅靠管理者“一头热”。只有管理者和执行者达成共识、形成合力，执行才会有力度。这不仅要求管理者对将要施行的决策搞好宣传，更重要的是平时要加强对广大干部职工在国家、行业政策法规等方面的教育培训，切实提高执行者的理论水平和对决策的认知程度，促进决策的有效落实。

提升执行力，明确执行主体的主次关系是基本条件。任何一项决策的执行都会有重点执行主体和辅助执行主体之分，两者在决策执行过程中担负着不同的责任。如果执行主体主次不分，则会出现推诿、扯皮现象，不利于决策执行。因此，在执行决策前，管理者要明确下属的工作分工和岗位职责，根据决策的具体内容，把重点执行责任落实到单位、部门和个人。同时，要积极培养团队意识，强化沟通协作，落实辅助执行责任，确保“一个声音喊到底”，切实增强决策的贯彻执行力度。

提高执行力，强化执行过程监督是保障。监督是约束，也是促进，实施有效的指导监督，对于提高企业执行力来说同样有效（见表2）。

表2　高层决策、中层决策和基层决策的比较

决策种类	高层决策	中层决策	基层决策
性质差别	非定型化多，定型化少	定型化多，非定型化少	基本定型
层次差别	战略性的多	业务性的多	执行性的多
决策的复杂程度	复杂	比较复杂	比较简单
决策的定量化程度	大部分无定量化，具有风险性	大部分定量化，小部分无定量化	全部定量化
肯定程度	不完全肯定	肯定	很肯定

在一座古老的城堡里，生活着一群快乐的老鼠。它们在这里谈情说爱，安居乐业，过着神仙一样无忧无虑的日子。一只有学问的老鼠感叹说，这里简直就是老鼠的天堂。忽然有一天，尖利的猫叫声打破了老鼠天堂的宁静。一只流浪的黑猫来到这里，给老鼠们带来了朝不保夕的恐惧和灾难。于是，老鼠们聚在一起召开动脑会议，商量怎样对付这只可恶的黑猫。老鼠们纷纷哭诉黑猫的残暴，要找一个有效的办法来逃避猫的魔爪。那只有学问的老鼠摸了摸胡须，说：“我有一个主意，只要在猫的脖子上挂一个

铃铛，就万事大吉了。这样，每当猫儿走近，我们就能听到铃铛的响声，及时逃之夭夭。”“这个主意太好了！”全体老鼠欢声雷动。“可是，”另一只老鼠疑惑地问道，“怎样才能将铃铛挂到猫的脖子上去呢？”刹那间，所有的老鼠都闭了嘴。

这个故事并不可笑，给予我们很多思考的东西。什么样的策划才是好的策划？策划在企业中应该扮演什么角色？执行力在企业的发展中应该占据什么地位？

好的策划是在市场中得到有效执行并创造效益的策划。在与某些策划人的接触中，经常听到他们吹嘘做了某个大策划，但客户执行不下去。好的策划方案可以贯彻执行，否则，就是一纸空文，更别谈创造什么效益了。还有一些策划方案，看起来很漂亮，也很打动人，但对销量的提升却有限。这种策划方案的好坏同企业的目的息息相关。要建立品牌或者资本运作，与实现销量和赢利的策划是不一样的。相比之下，如果是以销售产品为目的的营销策划，那么销量和利润就是检验策划成功的标准。

执行看似简单，但却是操作中最难的过程。可行性较强的策划案是最适合市场的。因此策划与执行并不是两条无法相交的双曲线。从管理技能而言，中高层管理者都必须建立提升企业执行力的操作系统。大家所熟知的4R管理模式就是结合实践、优化、达成执行力提升的系统化运营管理的典范。（见图3）

一个企业如果没有出色的执行力，那么再好的发展目标也是镜中花水中月，再好的管理制度也是一纸空文。企业间过招，比拼的就是执行力。没有执行力，企业就没有竞争力，也就没有发展力。

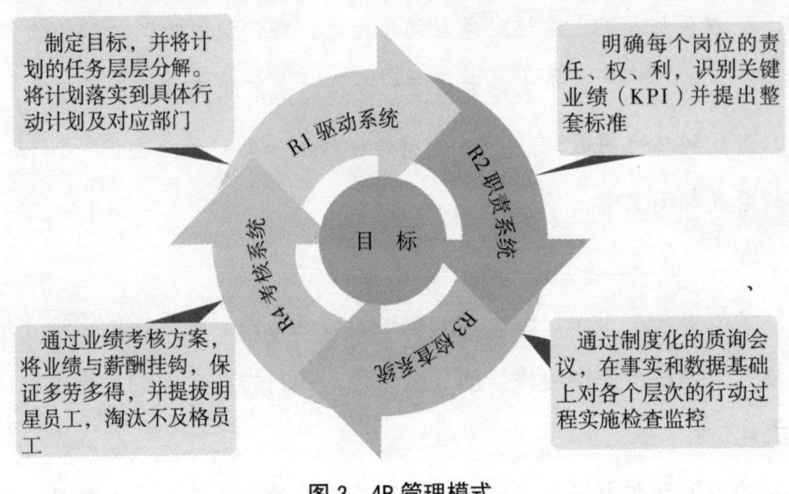

图 3 4R 管理模式

本章小结： 任何事物的发展都是相互依存、相互对立的矛盾运动的过程。领导就是把握领导者、被领导者在一定领导环境下矛盾运动的规律，推动组织不断发展的过程。领导所面对的许许多多的相互依存又相互对立的两个方面，既不能非此即彼地简单取舍，又不能置之不理，而必须根据组织的发展、环境的变化审时度势，在两者之间把握平衡，从而推动组织的发展。可以说，平衡是领导艺术的一个重要方面。纵横交错的领域，没有绝对标准，只有适度的平衡，所以说，管理的真理在于管理者自己的梳理！

第二篇

高层管人“五部曲”

第三章　识人
——非人力资源管理基本技能

基本行为话题：习则观其所言

人的言辞往往表达了一个人的本性，通过言谈举止来分析下属是一个最直接也是最经济的办法，但这也是一种复杂的艺术，因为每一个人都有言不由衷的时候，所以作为老板，掌握从言辞辨识下属性格的方法是一项必备的管理技巧。

在日常生活当中，那些善于观察的人往往能从偏颇的语言中猜到对方性格的特点，就像孟子所说：错误的言辞，我知道它错在何处，不正当的话，我知道它背离在何处，躲躲闪闪的话，我知道它理屈在何处。其实从言辞来分析一个人的性格，看似简单，却蕴含着很大的学问。

例如，有的人言辞偏颇，这些不当或夸大的言辞常在忘乎所以之时出现。在我们的周围，有的人言辞犀利，往往抓住对方弱点不放，看问题通常一针见血，总能说到点子上，展现了其非凡的才能。如果领导在用人时，考虑到其此方面的优点，这种人就会成为公司中难得的栋梁之材。

有的人侃侃而谈，志向高远却粗枝大叶，不太注意细节问题，这种人往往志大才疏。优点是考虑问题时志向远大，善于从整体上把握事物，缺点是对待问题不够细致深入，做事往往不能考虑周全（见图 4）。

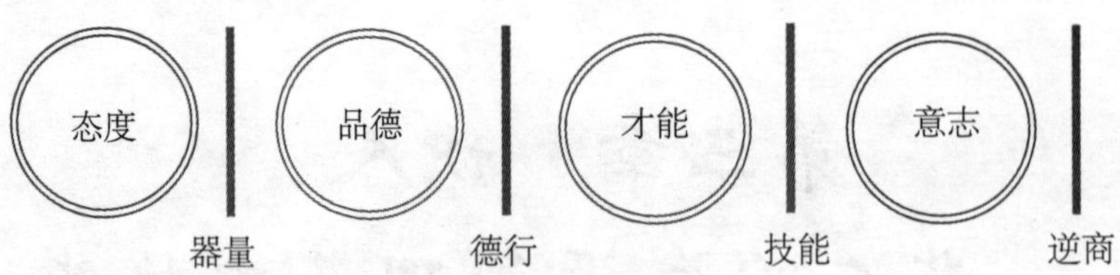

图 4　人才关键品质

有的人知识面宽，随意漫谈也能旁征博引，正像古人所说的“才高八斗”。这种人的缺点是脑子里装的东西太多，系统性差，往往眼高手低，倘若能增强分析问题的深刻性，会成为优秀的全才；反应不够敏捷果断，属于长于思考型人才，倘若能加强果敢之气，对新生事物持公正而非排斥态度，会变得从容平和，有长者风范。

有的人不屈不挠、公正无私，有很强的原则性，这种人的缺点往往是处理问题不善变通，显得非常固执，但是这种人如果巧妙地运用自己的优点，也是能够发挥巨大作用的。

有的人接受新生事物很快，听到新鲜言辞就能在日常工作中活学活用，而且往往都可以小试牛刀。这种人的缺点往往是没有主见，不能独立，如能沉下心来认真研究问题，形成自己的一套思路，无疑会成为业务高手。

有的人用意温润，性格柔弱，不争强好胜，不轻易得罪人，可以说是一个老好人。这种人的缺点就是意志软弱，胆小怕事，雄气不够，怕麻烦，如能增强毅力，知难而进，勇敢果决，会成为一个刚柔相济的人。

有的人独立思维好，好奇心强，敢于向传统挑战，开拓性强。这种人的缺点是冷静思考不够，易失于偏激，但可利用他们做一些有开创性的事。

单单了解以上的这些语言跟性格之间的关联是不够的，关键是对这些东西活学活用，正如德国一个著名的哲学家说的：“对于一个优秀的人才来说，单单掌握理论是不够的，重要的是将这些理论化为现实的力量”。

所以对于一个领导者来说，最重要的是学会如何从谎话中识别人。

心理学家研究证明，一个人一开始说谎，身体就会出现矛盾的信号：面部肌肉会变得不自然，瞳孔不断收缩与放大，面颊发红，额部出汗，眨眼次数增加，眼神飘忽不定。尽管说谎者总是企图把这些信号隐藏起来，但是往往很难如愿。而且一个人在电话里说谎比当面说谎要镇定从容。利用这一特点，老板在与下属谈话时应该尽量单独面谈，与下属面对面，目光直视，这样就会让其体态语言暴露无遗，很容易看出他是否在说谎；让他的身体失去依傍，不应该让下属背靠墙，从而解除他的防备心理，这样会使他谈话时候坦白一些。

小时候父母就教导我们，不要说谎，并反复告诫我们，说谎是人变坏的开始。但是不论是生活中还是工作中说谎这件事都是很难避免的。这种说谎的艺术随着年龄的增长却变本加厉，当我们小的时候说谎时会用手遮住嘴巴，并且脸会羞愧地变红，潜意识是想防止谎话从嘴里出来，随着年龄的增长这种手势则变得精练而又隐蔽。许多成人会用假咳嗽来代替，还有的则是用大拇指按住面颊，或用手来回抹着额头。女性说谎最常见的是用手撩耳边的头发，似乎是想把不好的想法撇开。

曾国藩曾经指出：“观人之道，以朴实廉介为质。有其质而附以他长，斯为可贵。无其质，而长处亦不足恃。甘受和，白受采，古人所谓无本不立，义或在此。”可见，曾国藩非常强调从言谈举止去辨别一个人，他进一步分析道“将领之浮滑者，一遇危险之际，其神情之飞越，足以摇惑军心；其言语之圆滑，足以淆乱是非，胡楚军历不喜用善说话之将”。

由此可见，曾国藩观察人才的标准，是以朴实廉正耿介为最本质。有了根本再有其他特长，这才是难能可贵的。没有根本，其他特长也不足倚重。正所谓甘甜的味道容易调和，洁白的底色容易着彩。

习则观其所言，出自魏徵“六观法”，结合实际应用延伸，再加上基本行为话题式交流，从习惯性言辞角度，识别其特性，为日后管人做好铺垫。

兴趣爱好话题：日常谈话识人

俗话说得好，识才就如同伯乐相马，要勤于考察，要见微知著。谈话识人是一种有效的考察方法，是最古老的识才方法，也是最长久的识才方法。只要人类社会需要并继续存在着识才工作，那么，这种考察方法就将始终得到最广泛的运用。唯一不同之处，在于各个不同的时期、不同的社会，个别谈话的方式和内容将发生显著的变化。

如何通过谈话识人，管理学家认为有两种有效的方法：一种有效的方法是通过面谈识人，谈话能让领导者面对谈话对象产生亲身感受和较深的体验，从而避免各种外来影响和偏见。面谈的内容包括面谈对象的能力、爱好、经历、性格、心理、特长等。所以，在面谈的时候一定要做好面谈前的准备工作、谈话的内容，以及先谈什么，后谈什么。面谈时应当时刻注意保持头脑清醒，注意观察，善于捕捉对方无意流露的各种线索，从而把谈话引向深处。兴趣爱好话题则是这种方法中最为集中的焦点，即通过一个人对其兴趣爱好的表述，可以很自然地表露出目前他的内在状态：关注什么？社交能力如何？人脉圈子如何？表现出什么样的性格特征？个人目标和进取精神等。

另一种有效的方法是通过开座谈会的方法对下属进行考察。具体有二：一是被考察者不在场，主持者提出有关问题，征求参加者的意见，做到“兼听则明”；二是被考察者在场，通过被考察者在会上的各种反应和表现来鉴别。座谈可采取自由发言的方式，这样可以观察被考察者的各种反应：是否能抓住问题的症结、对别人的意见抱什么态度、解剖问题的方法是否巧妙、思路是否灵活多变、知识的广度与深度如何，等等，通过这些方面的观察，可了解其长处与短处，从而择优任用。

谈话识人可以是一对一的，也可以是一对多的。但总体说来，一对一最为可取。这是因为，个别谈话具有其他考察方法无可比拟的长处。倘若是选择者直接与被选者面谈，往往更能准确而直观地获得有关被选者的第一手考察资料，从而便于对被选者进行更优秀的决断。而且由于是单个接触，交谈对象一般能消除顾虑，把想说的话尽量谈出来，从而做到知无不言，言无不尽。但也有不足之处：由于没有第三者在场，也容易使谈话对象随意掺杂一些个人恩怨。此外，目前绝大多数“个别谈话”仍然停留在传统的“定性为主”的低水平上，未能有意识地朝着“定量为主”的方向，作一些大胆的改革和创新。最后的结果只能是效率低，耗时多。如果连续交谈多人，其中势必含有大量的“重复劳动”和“无效劳动”，需要努力避免。最好的办法是对谈话事前进行深入的设计，并在事后对谈话进行分析。

早在两千年前，我国古代的政治家诸葛亮在一篇文章之中写到不同的人“美恶悬殊，情貌不一”“有温良而伪诈者，有外恭而内欺者，有外勇而内怯者”。他的意思是，人的真善美与假恶丑，并不都是表现在情绪和脸上，也不能从一般的表现上看出来。有的人看起来温良敦厚而实际狡诈，有的人外表谦恭而内心虚假，有的人给人的印象勇不可当，实则是一个十足怯懦的人。面对这种情况，诸葛亮提出了一系列选拔人才的方法，最著名的是“七观法”；比如从知识、勇敢、性格、廉洁、信用等方面来判断，这一套方法不仅直接被他应用于当时的实际管理任务中，对后世的影响也很大，可以说诸葛亮是我国古代杰出的管理学家；诸葛亮的“知人”方法对于经营者在用人上也是大有帮助的。

诸葛亮所提出的方法在很大程度上建立在谈话的基础之上，正所谓“闻其声，可以知其心”。具体来说他的闻声之法分为以下几个步骤：

首先，“问之以是非，而观其志”。就是要求领导干部亲自与下属讨论一些重要事情是非对错的看法，来判断他对事物把握判断能力到底如何。观察他的立场、观点是否正确。

其次，“穷之以辞辩，而观其变”。就是要求领导干部就工作中某些现实问题的处理意见同下属不断地进行辩论，提出质疑，用来考察其智慧与应变能力。

再次，“咨之以计谋，而观其识”。就是不断地向下级干部提出咨询，请他们对一些重大问题提出谋略和决策方案，以考察其是否有能力和见识。

最后，“告之以祸难，而观其勇”。即告诉下级可能面临的灾祸和困难，来判断他是否具有义无反顾的英雄气概。

今天，我们对于管理识人已经有越来越多的理论和方法，有专业的人力资源领域研究成果，各企业也已逐渐建立起一整套行之有效的管理考核、定期测评和群众评议的制度和方法，但万变不离其宗，前人的智慧沉淀和有益经验仍然是值得我们借鉴深化的。兴趣爱好话题式的日常谈话识人仍旧可以成为管理者潜移默化的技能，特别是对于高级管理者，是个人修为永无止境的追求。

困境情景话题：身体语言识人

适合的人才往往可以大大降低后期管理成本和风险。人才特质对应技能，匹配合适岗位，就很容易实现好的绩效，如果选择聪明却不适合的人，就需要花很多成本去管理，但工作绩效却不一定实现预期。大家熟知的爱因斯坦，当年如果放弃科学研究，应邀去做以色列总理的话，不知道结局会如何？对于个人来说，在选择自己适合的职业中，有可能成为一名出类拔萃的人；而在其他不适合的“好行业”里，极有可能一无是处。所以，如何选择合适的人担任合适的职位，是一件貌似简单却又布满陷阱的事情。

合适的纬度中最难也最容易被管理者忽略的，往往是人才面对问题和困难的应对能力如何识别确认？这里会有很多假象，仅仅通过一问一答很难洞悉其中的真相。困境情景话题，即通过回忆或模拟身处困境的场景，管理者可以细微观察对方除口头表达之外的身体语言变化，尽可能多角度判定识别对方的真实状态，以此结合口头语言来实现对人才处于逆境之下的反应能力，由此也能判定人才解决问题的能力指数；直接问你抗压能力怎么样？不如说：回忆一下你经历最棘手的工作难题是怎么处理的？观察对方的身体语言释放什么信号，是迟疑、焦虑，还是坦然、从容。作为管理者拿到的结果和纬度是全然不同的（见表 3）。

表 3　　面试（复试）记录表

应聘者__________ 联系电话__________

开场白：你好，本次面试大概用时 5 ~ 10 分钟，为控制时间，可能中途会打断你的一些谈话，希望你能谅解。（等对方应答后）。那我们现在正式开始本次面试。

问题类型	提问：（在所选问题前打“√”，如使用表外问题请直接写在相应空行内）	作答记录
自我介绍	□ 简述个人经历 □ 经历中有什么特别值得感谢的人	□ 语言表达 流畅 / 良好 / 一般 / 差 □语音感觉 甜美或洪亮 / 良好 / 一般 / 差 □个人素质 感恩心态 / 良好 / 一般 / 差 工作态度 / 良好 / 一般 / 差
模拟情景	□销售模拟 ● 有销售经验：现场销售当地报纸的广告版位 ● 无销售经验：现场销售一支笔或手表 □管理模拟 ● 有管理经验：如何管理比你资格老的员工 ● 无管理经验：怎么管理一群新人 □职能模拟 ● 有工作经验：如何与你的上司相处 ● 无工作经验：如何才能融入团队	语言表达 流畅 / 良好 / 一般 / 差 □语音感觉 甜美或洪亮 / 良好 / 一般 / 差 □个人素质 感恩心态 / 良好 / 一般 / 差 工作态度 / 良好 / 一般 / 差 团队精神 / 良好 / 一般 / 差 协作能力 / 良好 / 一般 / 差

续表

问题类型	提问：（在所选问题前打"√"，如使用表外问题请直接写在相应空行内）	作答记录
背景经历一（自信心）	□ 说一下自己做过感觉最有成就感的一件事情	最有成就感的事情： 自省能力：很强 / 良好 / 一般 / 差
背景经历二（自我评价）	□身边人都怎么评价你的优点？自己如何评价 □身边人都怎么评价你的缺点？自己如何评价	优势形容词： 劣势形容词：
背景经历三（总结能力）	□自我感觉最失败的事情是什么？ □自己学习总结哪方面的知识或经验最多？ □如果我们公司有其他工作岗位，你有什么考虑？对于工作岗位的性质、薪水等方面有什么期望值？	回答：
面试评价	评语： □ 通过　□不通过　□待定（复试）　面试人：　日期：	

管理者通过与谈话者的情景对话，观察对方处于特定条件下的综合反应，进行多角度较为深入的分析，判断其是否具备胜任该职位要求的特质和技能，最终达到甄别出相对客观人才综合素质结论，再结合岗位素质模型，实现人岗匹配相对客观评估。困境情景对话的过程中，管理者细致入微的观察力非常重要，有经验的对话者回答往往都是经过深思熟虑，甚至经过专业深造排练，这就会造成前面我们提到的对话假象，要真正洞察这种假象，管理者平时就需要对肢体语言行为，包括表情、动作和语调等有一定专业常识的了解。姜振宇博士所著的《微表情》《微反应》心理专业丛书就对身体语言表情与动作有非常翔实的见解。

身体语言所包含的信息其实不比口头语言或文字所包含的信息少，只是由于身体语言不容易被解读，所以长期以来都不被重视。但事实上，人的嘴巴容易说谎，但身体却很难掩饰真实的意图。这里只提供基本常识性知识，供管理者参考借鉴。

要解读人的身体语言，除了眼神之外，主要从行走姿势、坐姿、手势三个主要途径进行解读。

1．行走姿势

观察人的行走姿势，不仅可以一窥其性格的端倪，也可推测出其身体健康状况。

通常行走时身体挺直的人，比较在意自身形象和他人的看法；行走时爱低头的人，通常都有些缺乏自信；行走时腰挺不直的人，既可能是生性随和，也可能是脊柱或腰椎不好。

行走快速的人，行事讲求效率，决断果敢，也会有做事欠谨慎的风险；行走缓慢者，行事谨小慎微但不够干练；跨步大的人多为性格直爽、敢于冒险；跨步小的人多为谨慎敏感，或自信心不足。

2．坐姿

坐姿自然，说明其懂基本职业礼仪，心理状态比较从容，但又用心重视谈话，这是最理想的交流状态；如果谈话时坐的是有靠背的凳子或沙发，但仍然挺直背部，说明其当时较为紧张，但如果在彼此熟悉、没有压力之下仍未靠背的人，通常自制力强、比较理性；而如果谈话时喜欢跷二郎腿，通常此人不拘小节；喜欢（或不自觉）抖动双腿的人，如果排除身体疾病的原因，则说明其过于随意、偏向自我，不太注重他人的感受。

坐姿呈左右倾斜状的人，通常性格多有怪癖，不容易接近；而坐姿呈前后倾斜状的人，要么攻击性强，要么身体存在某些方面的疾病。

3．手势

身体语言中使用频率最高、最容易被解读的是手势。能完整对应表达将手势与之结合的人，多是我们日常所指的能说会道的人，例如 CEO 和政客们，这些人擅长通过手势来引导听众的注意力，使用手势也是为了提高讲话时的生动性或者提高与听众的互动，以赢得好感和支持；频繁使用手势，但语言表达跟不上，显得言辞贫乏的人多为沟通表达能力欠佳，需要借助手势或其他身体语言来补充；如果手势的幅度不大，很可能说明其只是想用手势来强化其谈话中涉及的重要观点加以强调；而如果极少使用或从不使用手势的人，通常是两种极端，一种是极为自信或自我，因为在他 / 她看来，手势是多余的，他 / 她有着足够的自信仅借助语言就能够完整的表达出想要表达的意图；另一种是极为自卑和紧张，手势完全失去价值，连两只手放在哪里都成问题，最后通常两手搓在一起放在腿上。

通过以上方法和工具，情景话题中身体语言的分析我们清楚地知道，管理对话不仅仅要听，关键还要懂得看。说得再好听没有用，要加上具体行为和成果，判定是否思行合一。高层管理需要管好人，必须先能选好人，选到合适的人，识人技能的情景对话，身体识别是必要技能。

身份低微话题：英雄不问出处

王侯将相，宁有种乎？人们总有一种习惯性思维，以为凡是英雄必拥有华丽外表，或者拥有崇高的社会地位，或者拥有良好的出身。有些管理者有割舍不断的名校情结、学历情结，以致错过了不少真正的人才。

人们总青睐出身名门的人。系出名门的确是能力的一个有力证明，但是非名门出身也并不代表此人没有能力，单凭“出身”或世俗的偏见来判断一个人的能力未免狭隘。很多卓越管理者的过人之处，就在于能够在人才选用上抛弃世俗成见，不拘一格，大胆起用一些别人不敢用的人才。

一个优秀的管理者应有开阔的视野，拥有不同于常人的见解，不能囿于门户之见，要不拘一格用人才，只要是有价值的人才，就要做到“英雄莫问出处”，发挥其专长，实现其独特的价值。正所谓成大事者不拘小节，百年木材，不可因一眼虫蛀而弃之不用，比之于人，则不可因细小瑕疵而拒斥人才。

历史上有很多这种案例，但最早系统地总结这方面经验的人还要数战国末期的李斯。当时李斯在秦国任职，许多秦室贵族建议当时还是秦王的嬴政，把所有的外国人才都赶走，防止他们当奸细。李斯也是外来户，自然也在被驱逐之列。情急之下李斯写了著名的《谏逐客疏》，向嬴政阐述了必须善于重用外国人才、不能一概否定的道理，最终使得嬴政收回了“逐客令”。如果不是大胆使用外国人才，就没有商鞅变法，就没有都江堰，也许也不会出现“秦始皇”。

战国初期，卫国吴起身为平民却有为将为相之志，但由于出身不是贵族，难以入仕，吴起的锲而不舍，反遭到身边人的嘲笑。吴起一怒之下，杀了几个对他嘲笑过分的人，逃到了鲁国，师从曾参学习儒家之道，后来吴起家母去世，他忍痛不归，老师曾参因此将他除名。吴起转而学兵，精研兵法，苦学而成后，求仕于鲁国。适逢齐鲁交战，鲁君闻言吴起有将才，欲用之，但吴起妻子是齐国人，故又犹豫不决。未过多久，吴起妻子猝死，鲁君这才起用了吴起，以之为将，大败齐军。事后人传吴起为得将位，不惜暗地杀妻，鲁君拘于细枝末节，深恐人言，最终罢黜了吴起。

吴起离开鲁国，转投到求贤若渴的魏文侯门下。魏文侯一开始也因听说吴起怒杀同乡、求将杀妻的传言，对是否纳用吴起犹豫不决，一番思虑后，还是未拘此小节，重用了他。吴起得魏文侯重用后大有作为，先后带领军队渡过黄河，攻拔秦国临晋、合阳诸城，立下了赫赫战功。

作为企业管理者，不能限于员工的出身，要发挥其优点，看到他们的长处，然后再把他们放到合适的位置，才能贡献出非一般的价值。

当然，需要说明的是，容忍他人的缺点是有限度的，对于大奸大恶之徒绝不能姑息养奸，不能让他在组织里生存，以免影响到他人的工作，影响企业的正常运转。

作为企业管理者，要更多的关注人才的优点，善于发现其优点，并善于利用。近年来企业公司招聘人才对学历的要求越来越高。其实这种人才“高消费”的做法未必合适。往往有这样一些现象，一些企业招聘了一批又一批的人员，经过一段时间才发现，由于种种原因造成的留存人数很少。只好继续招聘，周而复始地造成了人力物力的很大损失。

早在20世纪50年代，松下幸之助就认识到，公司应招募适用的人才，程度过高，不见得就合用。松下指出：各公司的情况有所不同，程度过高，不见得一定有用，“适当”这两个字是很要紧的。

此外，索尼公司的盛田昭夫也曾做出过不片面追求文化程度的“壮举”。

20世纪60年代，盛田昭夫的《让学历见鬼去吧》可谓一鸣惊人。因为，当时的日本还沉浸在一种过于重视文凭的氛围中，盛田昭夫的这一创新使得索尼人才济济。

索尼公司不仅拥有众多的科技人才，还特别重视选拔和配备具有高度创新精神的经理班子。在选拔高级管理人员这个问题上，索尼从不雇用那些仅仅能胜任某一个具体职位的人，而是乐于起用那些拥有多种不同经历、喜欢标新立异的实干家。索尼公司也从不把人固定在一个岗位上，而是让他们不断地合理流动，为他们最大限度地发挥个人的聪明才智提供机会。在这样的环境中，索尼人特别乐于承担那些具有挑战性的工作，个个积极进取，人人奋勇争先，整个企业充满了生机和活力。几十年来的辉煌历程清晰地表明，索尼所取得的巨大成功，源泉正是——索尼人。

人有万种，各有不同，英雄莫问出处。对于管理者而言，选用人才不能局限于某一方面，要看到其长处，不要因为其不是毕业于名牌大学或学历不高或有其他问题就一概摒弃不用。事实证明，那些被人们轻视的人才往往能取得出人意料的成就。

本章小结： 卡耐基认为，要想掌握高超的用人之道，必先做到知人善任。知人，就是要了解人，指的是对人的考察、识别、选择；善任，就是要善于用人，指的是对人要使用得当。知人善任，就是要认真地考察干部、确切地了解干部，把每个干部都安排到适当的岗位上去，充分地让他们发挥自己的特长、施展才干。要实现知人善任，先学会识人，识别人才特质，识别人才长短，才能发现人才差异，为选才、留人、育人服务。

第四章　选才
——人岗匹配，德才兼备

如何招聘选才

企业选择人才犹如人生选择伴侣一样，情投意合也要互相适应，这样才能达到企业和人才双赢。

企业招聘人才，实际上也就是企业外部人才进入企业的第一道关口。这一道关口是否把好，即能否选择合适的人才，不仅关系到企业后备人才的储备，而且影响到企业的稳定运行。企业如何把好招聘第一道关，需要注意以下四个方面的问题：

第一，对应性。一流的企业需要一流的人才，也需要二流、三流等不同层次的人才，招聘时“定位”（企业在行业中的位置和人员岗位）要准，不宜把人才要求定位得脱离企业实际。这种定位，实际上一方面是企业现实的实力大小、管理水平的高低，另一方面是企业的发展潜力。

第二，同步性。人才的潜力、发展空间与其悟性、学习能力是紧密相关的。招聘人才时要考虑人才的潜力、个人发展空间是否能与企业发展的步伐同步。能够与企业发展趋于同步增长的人才长期留下来的可能性较大，个人超前于企业太多或个人滞后于企业都会造成人才难以长期留下来的隐患。

第三，准确留用率。企业应该具有人才“准确留用率”的观念，并重视与提高试用期的人才的“准确留用率”。如果招聘的人才在试用期期间、试用期满时全没能留用，留用的人才未达到预期服务期就提前离职，或者留用的不是企业发展与岗位需求最适合的人员，就表明此次的招聘工作“准确留用率”很低，招聘是失败的。

第四，招聘工作应具有成本观念、效应观念。每次人才招聘工作，不仅有招聘工作事务性的人力、物力、财力等的投入，而且还有企业无形资产的投入。如果某一次招聘没有招到合适的人才，付出的投入仅是事务性的投入；如果招聘的人员，没干几天就离开了企业，这时候付出的就是双倍的损失了，可能还会导致企业机密外泄等更大程度的损失。

一套科学有效的选人方法至关重要。另外，我们在选人时很容易倾向于去找最好的人，实际上应该去找最合适的人。一个优秀的工程师，不一定是合格的管理者。管理领域有个规律性现象：一个人在某个位置干得好，不一定要提拔到更高位置，否则就会不称职，而降职又非常困难。所以，人尽其才是将人才放在最合适的位置上，这样对企业和个人都有益（见图5）。

也许你要问：“我的公司拥有合适的员工吗？”对于这个问题，问问你自己，是否在条件允许的情况下，会重新雇用你目前团队中的所有人？还有，这些人在未来的三五年中，还会是现在岗位上最合适的人选吗?

1. 战略性的严谨招聘

有一项研究，对区分优胜者和失败者的因素进行分析，得出结论：一个人的品性比他的知识更重要。他们认为，招聘的目的并不是寻找具备合适经验的人，而是寻找具备合适思维方式的人。这些企业聘人看态度，入职后的技能靠培训和学习。

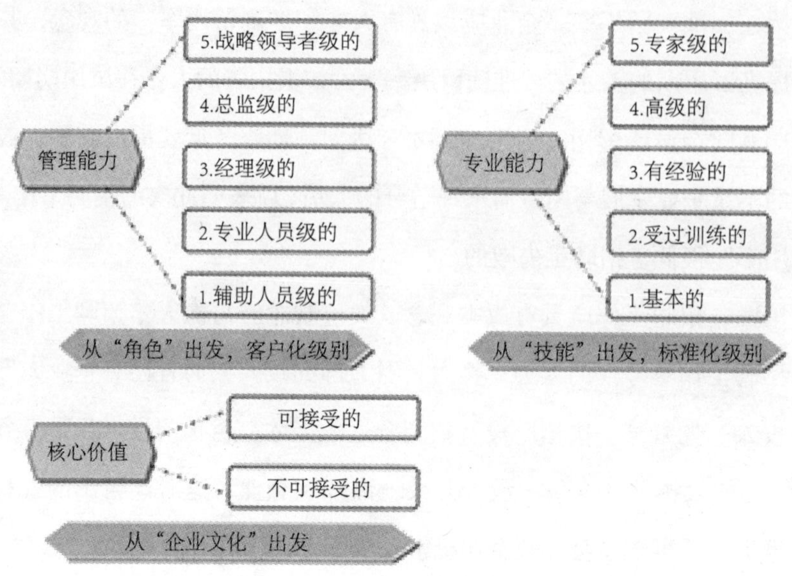

图 5 科学有效的选人方法

硅图公司全球人事总裁埃里克说：随着公司的发展，公司的招聘观念也在不断演进。当然，公司仍需要世界级的设计师和编写精练代码的软件程序员，但技术上的娴熟却很少是成功的决定因素。最主要的还是思维方式，要看他们的思维方式与企业的价值观和成功取向是否能保持相当一致。

埃里克说：“在面试时，我给面试者机会，让他们表现风趣的一面，发挥自己的幽默感。我们寻找的是人们的热情，是他们生活中有过的经历。”但不要误会，别因为招聘优秀人才主要是找思维方式、态度和个性这些“软件”，就认为招聘关键在于练习使用业余心理学、经理人直觉或“气质感觉”。用战略流程的高标准和严谨来要求招聘是可能的，事实上也是必要的。

这位世界上可能最具权威的招聘专家认为，某些面试问题毫无意义、不合时宜、没有深厚依据。比如，你认为五年后自己会是什么样子？你理想的工作是什么等。埃里克认为，确有实效的面试问题应焦点集中、精心炮制，应注重窥探面试者的具体行为特点并能找出理想员工，应能测出面试者的具体经验，而不是让其大谈特谈希望和梦想。

2. 选择人才不必完美

金无足赤，人无完人。因此，企业招聘时不必期望候选者都是完人，也不必花费时间去寻找他们的不足之处。一个人有长处，也有短处，但短处运用得当也会成为长处，而长处用错地方也会成为短处，关键是扬长避短。另外，只要短处无碍大局，就不必计较。

由于各种原因，企业对人才有一种完美的错觉，把企业的发展寄托于个别的“完人”或“能人”身上，形成了一种对人才的依赖心理。对企业而言，人才就是具有能为企业所用的一技之长的人，他也许在某些方面能力突出，但在其他方面就有可能表现平常，他也会有他的弱点。而这样的人往往很有才能，只要让他发挥自身的优势，弥补不足，选用他的危险就不大。

所以，全面的人才观可以克服狭隘人才观的弊端，使企业全面分析人力资源管理方面所面临的问题和机遇，从而有针对性地招揽切实需要的人才。

3. “出售”你的人才观念

将你的绣球抛给那些有潜力的员工，就是一个伟大的决策。如果你想在应聘者中发现高质量的人才，或者你需要找到一位有资料来源或客户资源的高级人才，这里有一个实用的方法能够帮助你做到这一点，那就是制作一个简明的十大候选人排行榜。许多首席执行官在招聘关键职位的人选时都采用了这一方法。拿一张纸，在上面写下至少10个人名，这些人是你明天就能与之通过电子邮件进行联系的人，而且他们与你所需要的各种人都有接触。然后，你在电子邮件中，对你的公司做一番描述并描述你所需要的人及其职位。一定要尽快打电话给这些名单上的人，告诉他们，你已经发电子邮件给他们了，一周后，问问他们是否认识你所需要的人，或者他们认识的人中有没有人认识你所需要的人。如果你不想自己做这些事情，那就找猎头公司吧。

在这一过程当中，重要的是：无论你是发电子邮件还是张贴招聘广告，使用猎头公司，还是使用几个重要的在线服务网站，你都要确保自己一定要将公司以及公司的观念出售出去。你要像吸引潜在的客户那样，使出浑身解数，向你的潜在员工推销自己的公司。曾经有这样一家公司，仅仅是将自己公司的招聘广告稍做修改，就使应聘求职者人数增加了3倍。

外圈重才能，内圈重德智

在商场上，不仅知识和技术重要，同时更应以高尚的道德、正义的立场以及公正无私的生活方式，来表现高尚的人格，这也是用人的一个要诀。在运用人才上，只要不存私心，经常考虑何者当为，何者不当为，进而发挥潜在力量，是不难迈向理想境界的。

判断一个人能不能承担你所布置的任务，能不能胜任工作的角色，这其中大有学问。一个经验丰富的人事部经理是这样解释他的识人标准的："首先要以德行为先，如果以品质节操为首要，以才能技巧为其次，选用人才，必定会使人们加强修养，勤奋学习。如果选取拔尖的人加以任用，一定会使许许多多人才受到震动，而被吸引，从四面八方来响应。"

坚持选拔人才的标准有三条，一是德，二是量，三是才。什么是德？德是刚直无私，忠诚廉洁。什么是量？量是能接受正确意见，容纳贤才，能和同事和睦相处，团结合作。什么是才？才是能随机应变，能出色地完成工作，能奋发有为。符合这三条标准才能担当重任，然而若没有三者兼得者，则有德者先居止（见图6）。

美克德公司是一家经营唱片和音响的企业集团，在"战前"，声誉显赫。

可是由于战争的影响，使这家拥有一流人才和高超技术的公司，迟迟不能展开重建的工作。最后，因种种的原因，由松下电器公司接管。为了使它从战败的挫折中复兴，松下非常慎重地思考经理的人选。最后，他决定把这个重担托付给野村吉三郎先生。

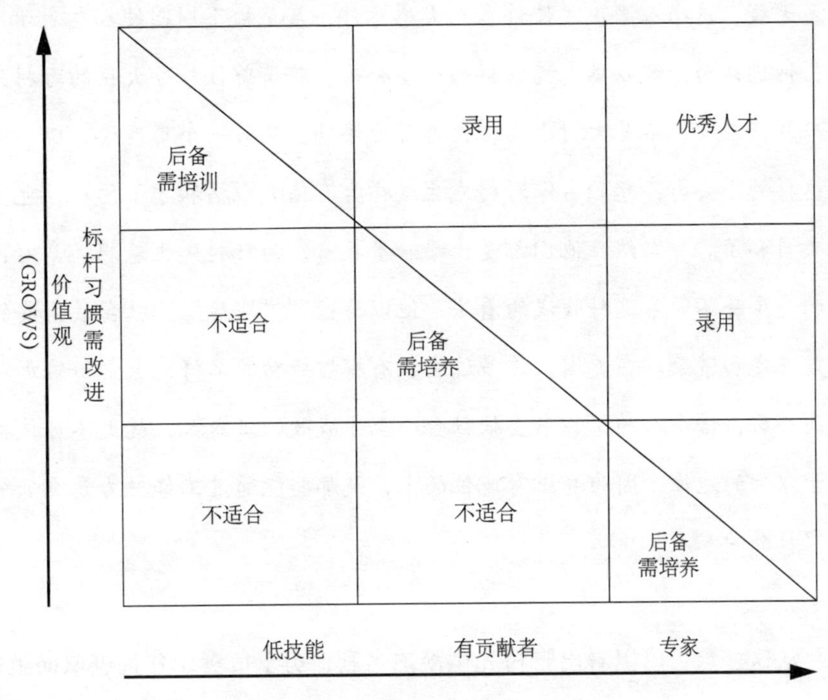

图6 如何选用人才

野村先生和松下同是和歌山县人，不仅是松下的长辈，也和松下维持着很好的私人交情，是松下一生中，最敬佩的人格最高尚的伟大人物。“战后”，松下正为美克德公司的主持人选伤脑筋。当松下想到自美国归来的野村先生时，就认识到如果能请这位德高望重具有高尚人格的野村先生来出任中心领导者，做公司的精神支柱，那么美克德公司的重建工作就指日可待了。

于是，松下非常坦率地把心中的想法告诉他，并请他务必接受邀请。想不到野村先生非常爽快地答应了。并且说：“我对经营事业一点也没经验，但我唯一的长处，就是了解用人。诚如你说的，美克德公司拥有许多一流的人才，那么，我的工作就是要尽快促使那批优秀人才发挥他们的潜力。”这个看法，和松下心中所想的不谋而合，于是人选很快就定案了。

无疑，这个人事决定使许多人大感意外，甚至松下周围的人也表示反对，他们认为：“以美克德这样的小型公司，聘请曾任外务大臣的野村先生来担任经理，不是大材小用，太委屈他了吗？从另一个角度说，以美克德这样的小公司，想独占像野村先生这样具有伟大人格和才干的人，也实在太自私了。”当然，他们都是出于一番善意，为野村先生着想。幸好，野村先生并不同意这种肤浅的看法，他以为：“‘战后’，社会最需要的就是安定和繁荣。在美国，许多过去拥有辉煌战功的名将，也都纷纷加入民间公司，借个人的工作来贡献社会。至于战败的日本人，就更不应该拘泥于以往的地位，因为真正有地位的人，是那些能通过工作把力量贡献给国家社会的人。”

从这一点，可以看出野村先生淡泊名利，勇于负责，并且进取向上的崇高人格。而正如野村先生自己所说的，他对企业的经营完全外行，对唱片、音响更是一窍不通，所以在主持美克德业务的过程中，也发生过一些有趣的小插曲。

有一天，在干部会议上，有人提议要和美空云雀签约出唱片，但野村先生却问：“美空云雀是谁？”美空云雀可以说是当时家喻户晓的人物，她不仅是日本排行第一的红歌星，也拥有众多的歌迷，像这样有名的艺人，身为唱片音响连锁企业的主持人居然不知道，真是趣闻。后来，这段故事传到外面，往往被人拿来当做讽刺的笑料，甚至有人说：

“一个唱片公司的经理居然不认识美空云雀，那他一生中能认识几个人呢？”

可是这些批评并没有影响野村先生的地位。诚然，他不认识美空云雀，可是，他知道身为一个领导者所应该知道的事。他博学多闻，品格高尚，美克德能有这样的一位领导者，使得具有专业技能的人都有机会充分发挥自己的长处，这的确是件幸运的事。

令人难以置信的是，美克德公司是在一个不知道美空云雀的经理领导下，很快地从“战后”的废墟中建立起来。这个业绩，你能说它只是一个奇迹吗？这并不是奇迹，而是凭着野村先生的人格修养、经营知识和磨炼创造出来的。尽管他不知道红歌星的名字，但却无损于他的成就。可见，在商场上，不仅知识和技术重要，同时更应以高尚的道德、正义的立场以及公正无私的生活方式，来表现高尚的人格，这也是用人的一个要诀。在运用人才上，只要不存私心，经常考虑何者当为，何者不当为，进而发挥潜在力量，是不难迈向理想境界的。

所以，在运用人才时，一定要注意人才品德的选择。以选择商业人才为例，守约是重要的道德素质之一。守约不仅要遵守约定的时间，更重要的是要遵守约定的内容，这才是真正意义上的讲信用，是值得信赖的标志。这里有这样一个例子，也许对你有所启示：

某合资企业供销科有一笔“俏货”，已与客户签订合同，碰巧另一家客户找上门来，答应多出10万元，于是供销科长改变主意，将俏货卖给了出高价者。这位供销科长为企业多赚了10万元，似乎立了一功，该受到嘉奖。但结局却是，他被外方总经理“炒了鱿鱼”，这就是他不按守约原则办事的结果。用那位总经理的话说：“你为企业赚了10万元，可是你不讲信誉，给企业造成的损失不止10万元。”

另外，选拔人才的方法中还特别值得一提的就是，应当先求将而后选兵。当将才树立后，他会按照自己的标准去选择下属，或用自己的德行去影响下属，这样必然使上下步调和谐一致，对敌则无往而不胜。若是本末倒置，那就好比想抖落衣服上灰尘的人，不提衣服的领子，反而揪住它的一部分，这样做不是在保护衣服，反而是在损坏衣服，其结果可想而知。

最后要提醒一点的是，在选拔人才的方法中最不可取的方法是以利相诱，这样会造成应聘者的动机不纯，使你不能了解其真实面目，当你觉得对他可以放心时，他却不知何时反戈一击，投向给他更多利益的人，以利相诱只是一种短视行为。

所以请记住，当你在挑选人才的时候，一定要用道德做第一判断。

知人善任，对应岗位

人们往往对自己身边的优秀人才视而不见，只是一味地好高骛远，崇拜引进的人才，认为只有他们才有真才实学。特别是管理者，一定要学会善于发现身边的人才，知人善任，切忌舍近求远，让本来就在自己身边的人才跑掉。

企业不重视人才，不懂得如何善用人才，损失最大的其实并不是人才个人，而是企业。因为个人如果不受重用，无法施展才华，完全可以退出，以求“独善其身”，利用企业的一切便利条件来充实自己，积累学识和经验，时刻准备着另谋高就。而企业却像花高价买了一台多功能的大彩电，只会看几个频道的电视节目，而浪费了电视机的其他功能一样，花费不少，却不能尽其用，其结果必然是企业花费了大量财力、物力，到头来只不过为别人做嫁衣（见表4）。

表4　合理任用人才

指标 类型	人才特质	管理风险	参考岗位
进攻型人才	目标感；激进；健谈；欲望强烈；敏锐	预防过于激进造成的状态不稳，不能结合实际的目标感产生	销售类；销售管理；市场策划；销售培训
防守型人才	淡定；冷静；思维缜密；善于分析	缺乏突破性思维，对于经验过于依赖	客户服务；服务管理；渠道管理；产品管理；经销商管理
公关型人才	健谈；活跃分子；很强的亲和力	欠稳重，自我约束力不强，不适宜担当重要管理职能	市场公关；大客户拓展；资源整合
创意型人才	爱钻研；思维活跃；创意频繁	自我意识偏重；沟通表达力偏弱	技术岗位；产品研发岗位；产品经理；营销创意
复合型人才	双重或多重特质	自负情结导致的难以接受其他意见的管理风险	管理岗位；人力资源岗位

发自内心地尊重人才、爱护人才，与实际的笼络人才、利用人才，完全是两回事。在实用主义的人才政策下，人才对企业是很难产生向心力的。

企业领导首先要对人才有敏锐而全面的识别能力。人才有多种：有忠诚可靠的、有多才多艺的、有深藏不露的、有临机善变的、有巧言善辩的、有舞文弄墨的、有锋芒外现的、有沉稳持重的等，是无法用一个标准来衡量的。所以说，善于识别各类人才，自己才会真正成为一名帅才。

一个员工是否以企业为家，把企业的事业当做自己的事业，其所能发挥出来的潜能和已经做出的成绩是非常不同的。只要能安下心来做事，本来平庸的人也会努力从而不断进步，关键时刻说不定可以超水平发挥；对企业没有归宿感的人，随时都准备另谋高就，那么其神情必定恍惚，用心必定不专，哪怕本来虽具备很高的水平，也很难得到发挥。

提到对人才要严格要求，但不等于苛求人才。领导者给新手安排工作，应当有所交代，要扶上马，还要送一程。任何人初来乍到，都是两眼一抹黑，谁能事事处置得当？如果新手偶尔做错一件事，就一棍子将其永远打入冷宫，不复重用，哪里还会有人才？有些有才者不拘小节，甚至狂放不羁，领导者更当以宽厚之心待之，并要对其多加引导。所以领导者应从爱护人才的角度出发，对人才加以批评、纠正，不可一味苛求。

管理者要在竞争中发现潜人才。只有通过竞争，才能让潜人才脱颖而出。要有计划、有组织地引导和安排他们在实践中经受磨炼，开辟多种渠道，让他们在艰苦的环境中接受磨炼，放手让他们在实践中磨炼出自身的潜能。要客观辩证地看待他们在实践中暴露出来的问题，看本质、潜质和发展，不应该求全责备；尊重特点，包容个性；能容人之短，用人所长，允许失误，为他们能力的发挥创造宽松的环境。下面是一个关于“潜人才”因压抑而转为他用的典型事例。

有个叫田饶的人，在鲁哀公身边做事已经好几年了，可是鲁哀公并不了解田饶的远大志向。因此，田饶的才智得不到施展，他决意离开鲁哀公到别国去。

一天，田饶对鲁哀公说：“我打算离开您，像鸿雁那样远走高飞。”

鲁哀公不明白田饶的意思，问道：“你在这里不是很好吗？为什么要走呢？”

田饶说：“大王，您经常见到的那雄鸡！你看它头上戴着大红的鸡冠，非常文雅；它双脚长有锋利的爪子，十分英武；它面对敌人时毫不畏惧敢斗敢拼，格外勇敢；它看见食物时总是‘咯咯’叫着招呼同伴们一起来享用，特别仁义；它还忠于职守，早起报时从不误事，极其守信。尽管雄鸡有着这么多长处，可是大王还是漫不经心地吩咐下人把它煮了吃掉。这是什么原因呢？

“这是因为雄鸡经常在您身边，您每天见惯了它，习以为常，它的光彩在大王眼里便黯然失色，大王感觉不到它的那些杰出的优点与才能。而那鸿雁，从千里之外飞来，落在大王的水池边，它啄吃大王池中的鱼鳖；落在大王的田园里，毁坏大王的庄稼。鸿雁尽管没有雄鸡的那些长处，可是大王依然很器重鸿雁。这又是为什么呢？

“因为鸿雁是从遥远的地方来的，大王对它怀有一种神奇感，它的一切作为，大王都认为是非常伟大的。所以，请大王让我也像鸿雁一样远走高飞吧。”

鲁哀公说：“请你别走，我愿意把你说的这些话都记下来。”

田饶说：“您认为我平淡无奇，并不觉得留下我有什么大用，即使写下我的话，也不起什么作用。”

于是田饶就离开鲁国前往燕国去了。

燕王让田饶做了相国，田饶从此有了机会施展自己治国安邦的本领。

三年以后，田饶把燕国治理得井井有条，国内富足安定，边境平安没有盗贼。

田饶名声大振，燕王也十分得意。

鲁哀公知道了这些情况后，万分感叹，对当年没能留下田饶后悔莫及。为此，他一个人独居 3 个月，深刻反省；又降低自己的衣食标准，以示自责。

鲁哀公发自内心地慨叹道：“以前由于不能知人善任，才使得田饶离我而去，以至于造成了今天的悔恨。真希望田饶能再回到我身边，可是，我知道已经很难了。”

鲁哀公为什么会后悔？是因为田饶在他身边的时候没有给田饶提供施展才能的机会，是因为田饶在他身边的时候没有给田饶很好的定位。虽然后来他独居反省，又降低衣食标准以示自责，但终究悔之晚矣！然而他为我们留下借鉴，他的事例告诉了我们：知人善任！

需要指出的是，尽管上门求职的人不少，但真正可用的人才毕竟还是少数。企业的领导者对于人才要真心爱惜，千万不能以轻视的态度待之，否则真正的人才也会以同样的态度回敬的。长此以往，最后受损的还是企业。

此外，很重要的一点是我们要区分“潜人才”与“显人才”的差别，尤其要重视前者。“潜人才”是相对于“显人才”而言的，显人才通常具有明显的外现才能特征，而潜人才则相反，它是指暗藏锋芒、厚积薄发的人才。也就是说，潜人才是潜在的，还没得到社会承认的人才。有人说潜人才有三种：一是被压抑或被埋没的人才；二是还没被发现的人才；三是大有希望成为人才或即将成为人才而极具人才潜质的人。这三种人才若授权适当，往往会成为出奇制胜的“奇兵”。

人无完人，各有所长

人各有所长，用人要择才任势，使天资、秉性、特长不同的人在不同的岗位各得其所。正如清人顾嗣协诗中所道：“骏马能历险，犁田不如牛。坚车能载重，渡河不如舟。舍长以取短，智高难为谋。生材贵适用，慎勿多苛求。”在现实的社会竞争中，领导者要做到“不求完人，容人之短，但用人之长”。

清末著名红顶商人胡雪岩向来认为，一个人若有一技之长，即使其他的小毛病不断，也有用的必要，也可以结为朋友，并为己所用。因为人不可能是十全十美的，如果用求全责备的态度来要求每个人，那么未免过于苛刻，在现实中也不容易实现。同时胡雪岩更看重的一点是，这个人是否有决心、有毅力。有决心，有毅力，就是长处，就可以视为人才。人只要有恒心、意志，就没有改不掉的毛病。而要做到能够用人之长就必须对身边每个人的性格脾气都了然于胸；对于身边每个人的才干都清楚明白。只要做到这些，在选用人员时，你心中才会有十分地把握。胡雪岩就做到了，他改变赌徒刘不才的事例广为传颂。

刘不才原来是一个嗜赌如命的赌棍。他每天不务正业，经常通宵达旦地豪赌，父母遗留下的殷实家产，也被他的骰子丢没了。胡雪岩对他并没有深恶痛绝，在收服他之前，就已经拿定主意让他充当一名特殊的“清客”角色，专门培养他和社会上层的达官阔少们打交道。在胡雪岩的不断督促下，刘不才不仅改掉了许多恶习，而且不负所望，运用自己坚实的应酬技巧，为胡雪岩赢得了很多朋友，也为胡雪岩的事业发展打下了坚实基础。

此类的事例在国外历史中也比比皆是。

美国南北战争时期，林肯曾选用过三四位将领，标准是无重大过错，结果都被南方将领击败。林肯接受这一教训后，决意起用嗜酒贪杯的格兰特担任总司令。当时有人极力劝阻。林肯却说：“如果我知道他喜欢什么酒，我倒应该送他几桶，让大家共享。”林肯总统并不是不知道酗酒可能误事，但他更知道在北军的将领中，只有格兰特将军能够运筹帷幄，决胜千里。后来的事实，证明了格兰特将军的临危受命，正是南北战争的转折点。这也说明了林肯的用人政策，是求其人能发挥所长，而不求其人是个“完人”。

每个人的长处和才能各属特定类型，有的擅长分析，有的擅长综合，有的擅长技术，有的擅长管理，有的精通财务，有的善于交际。特定类型的才能应与特定的工作性质相适应，工作对人的要求不同，才能与职务应该相称，给予他的职务应最能刺激他发挥自己的优势。职务以其所能和工作所需结合而授，叫“职以能授”，这样，既不勉为其难，也不无所事事。扬其所能，其工作自然积极，管理效能也必然提高。

当然，用人所长，并不是对人的短处视而不见，更不是任其发展，而是应做具体分析、具体对待。有些人的短处，说是缺点并非完全确切，因为它天然就是和某些长处相伴而生的，它是长处的一个侧面。这类“短处”不能简单地用“减去”消除，只能暂时避开，而关键还在于怎么用它。用的得当，“短”亦即长。

领导者不仅要熟悉下属的长处，而且还应帮助下属认识自己的长处，使其认识到自己的优势，从而对自己的工作充满信心。领导者应该经常向被领导者提出这样的问题：为了更大地发挥你的作用，你还需要我做些什么？

这个世界上任何东西都有它的用处，只是用处大小方式不一罢了。作为万物灵长的人，自然也不例外。即使是再无能的下属，只要遇上一个会用人的上司，同样也能发挥他的长处，这正是一个成功创业者发挥下属所长为自己创造价值的智慧。关于用人，胡雪岩曾有过一段非常精彩的概括：“眼光要好，人要靠得住，薪水不妨多送，一分钱一分货，用人也是一样。”又如克雷洛夫有一段寓言说：“某人要刮胡子，却怕剃刀锋利，便收集了一批钝剃刀，结果问题一点也解决不了。”

“人非圣贤，孰能无过”，因此，要用人之长就必须能容人之短。当我们欣赏胡雪岩一生在商场创下的无数业绩时，不能不注意到他手中的济济人才，而这些能干的人才之中，许多都统统是别人眼中的“败家子”。胡雪岩的高明在于他能“用人之长，容人之短，不求完人，但求能人”，这一点是值得我们深思的。

从延揽人才的目标来看，当然最好是能够吸纳像胡雪岩所说的“眼光手腕两俱到家”的全面人才而用之。腿脚勤快，办事扎实，交代的事情可以为你很稳妥地办好的帮手好找，而不仅能够稳妥地办事，而且能够创造性地办事的将才难求。一个希望有大作为的生意人，在识别人才时，眼睛当然要“盯”在这样的人才身上，一旦遇到，便要不惜代价，使其乐为己用。

然而，“金无足赤，人无完人”，生活中也确实很难有面面都强的全能人才。有魄力的人，可能粗枝大叶；心细的人，可能手面放不开；老实肯干的人，脑袋瓜子可能不灵活，算盘珠子似的拨一下动一下；而脑袋瓜子灵活的，又可能偷巧卖乖，办起事来让人不放心，甚至于有一些人有特殊的本领，但在其他方面却完全一无是处。

在择人任势上，白璧无瑕、文武全才者固然是最为理想的人选，但现实生活中往往会出现鱼和熊掌不可兼得的情况。这个时候，到底用“有瑕玉”还是“无瑕石”，就看用人者的眼光了。能不为世俗的成见所拘束，吸纳形形色色的各种人才为我所用，这样才能人才济济。有了人才，事业才能发展。而且，在延揽人才的时候，特别要注意那些遭人非议的人，因为“木秀于林，风必摧之；行出于众，人必非之”，越是某方面才能出众的人，他的其他方面的弱点就越容易被人攻击。

美国著名管理学家德・杜拉克说过：“倘若所用的人没有短处，其结果至多是一个平庸的组织。”所谓样样都必然一无是处。才干越高的人，其缺点越明显。有高峰必有深谷，谁也不可能十全十美。

所以，公司老板和管理者一定要切记，人无完人，用人须扬长避短。

尊重差异，梯队互补

在企业的管理中，管理者要体现自己的领导力，在员工心里占有位置，树立自己的威信，使命令得到有条不紊地执行，一个重要条件就是整合内部人才资源，合理搭配各种工作人员，使之在专业、智能、素质、年龄等各方面相互补充，组成一种最佳结构。

在现代社会里，许多工作需要许多知识、技能的联合攻关，往往不是一个人或一种人就能胜任的。如果各类员工搭配得好，行为默契，就会产生最佳效能，产生新的力量，而取得想要的效果。但如果搭配不好，就会互相抵消，造成内耗。

心理学家认为，人都有渴求互补的心理，这就是为什么许多漂亮的女孩最后会选择一个才华横溢而相貌平平的男朋友。人通常都对自己缺乏的东西有一种饥渴心理，而对自己所拥有的东西反而忽视。所以，作为一个主管，只要把握员工的这种心理，然后根据其特长安排任务，让他们形成互补优势，既可以提高工作效率，也迎合了他们的心理（见表5）。

表5　不同角色特征

角色	行动	特征
协调者	阐明目标和目的，帮助分配角色、责任和义务，为群体做总结	稳重、智力水平中等，信任别人，公正，自律，积极思考，自信
决策者	寻求群体进行讨论的模式，促使群体达成一致，并作出决策	有较高的成就，极易激动，敏感，不耐心，好交际，喜欢辩论，具有煽动性，精力旺盛
策划者	提出建议和新观点，为行动过程提出新的视角	个人主义，慎重，知识渊博，非正统，聪明
监督者	分析问题和复杂事件，评估其他人的贡献	冷静，聪明，言行谨慎，公平客观，理智，不易激动
支助者	为别人提供个人支持和帮助	喜欢社交，敏感，以团队为导向，不具决定作用
外联者	介绍外部信息，与外部人谈判	有求知欲，多才多艺，喜爱交际，直言不讳，具有创新精神
实施者	强调完成既定程序和目标的必要性，并且完成任务	力求完美，坚持不懈，勤劳，注意细节，充满希望
执行者	把谈话和观念变成实际行动	吃苦耐劳，实际，宽容，勤劳

每一个人都有自己的性格、脾气和心理特征，还有自己的经历和经验，又都有自己的爱好和特长。那么怎样才能使这些人和谐共事而不发生内耗？唯一的办法就是用互补协调，用长处去弥补短处。互补原则体现在用人的多个方面，比如“专业互补”“知识互补”“个性互补”“年龄互补”等。形成多种具有互补效应的人才结构，才能调动人们的积极性和创造性。

到过寺庙的人都知道，一进庙门，首先看到的是弥勒佛笑脸迎客，而在他的北面，则是黑口黑脸的韦驮。相传在很久以前，他们并不在同一个庙里，而是分别掌管不同的寺庙。弥勒佛热情快乐，所以来的人非常多，但他什么都不在乎，丢三落四，没有好好地管理账务，所以依然入不敷出。而韦驮虽然善于管账，但成天沉着脸，太过严肃，搞得人越来越少，最后香火断绝。佛祖在查香火的时候发现了这个问题，心里想：看来我得改变一下用人策略了。于是就将他们俩安排在同一个庙里，由弥勒佛负责公关，笑迎八方客，于是香火兴旺。而韦驮铁面无私，锱铢必较，佛祖就让他负责财务，严格把关。在两人的互补之下，寺庙呈现出一派欣欣向荣的景象。

没有人是全才，所以如果管理者太过看重全才，那么将会无人可用。所以管理者只要充分挖掘每个人的潜力，知道每个人的长处和短处，然后再分别加以运用，就能取得预期的效果。所以，一个成功的管理者应该全面了解员工，包括他们的技能和心理特征，然后优化组合，创造出员工最大的价值。

比如当前社会，有一些企业为了显示领导是优秀的、有文化的，就将一批具有名牌大学学历、年富力强的优秀工程技术人员直接提拔到领导岗位上，而不是用他们的技术长处，而且他的长处也难以发挥，不但使企业的技术力量削弱，管理力量也明显下降。那么要怎样合理地组合企业人才呢？

首先，要正视人才所存在的个体差异。所谓人无完人，有的人长于谋、有的人长于断、有的人长于专业技术、有的人长于社交、有的人勤于思考、有的人勤于实干……所以说一个人不可能样样都行。某一行业的人才与另一行业的人才互换，说不定反而会成为工作上的累赘。比如，"曼哈顿工程"原子弹计划是由当时世界科学界的泰斗爱因斯坦提议的，似乎该工程的技术领导人非他莫属，可是美国政府却选中了一位二流物理学家奥本海默。爱因斯坦虽有卓越的科研才能，但生活不能自理，有时连回家的门也找不到，而奥本海默科研能力虽无法与爱因斯坦相比，但他有出众的组织才能。事实证明这种选择是正确的，几年之后原子弹顺利爆炸了，可以说是爱因斯坦和奥本海默的合理组合使得美国跨入了原子能时代。由此可见，人才组合中人才的知识优势、能力优势互补对一个组织成功所起的重要作用。

李莉莉和刘梅是一对工作上的好朋友，这是她们在工作的过程中发现双方可以能力互补后，建立起的不同一般的同事关系。她们两个人供职于深圳的深蓝广告设计公司，李莉莉负责文案策划，刘梅负责图片设计制作。刚开始的时候，她们各自负责不同客户的广告设计，不久设计总监就发现她们设计作品的思维和风格明显有缺陷。刘梅在绘图能力和电脑操作能力方面比较突出，但是创意方面略显平常；而李莉莉刚好相反，创意和整体策划都不错，但在绘图方面的表现力始终不尽如人意。最初她们各自设计的图稿修改了很多次也不能让客户满意，后来设计总监无意中在对两个人的设计进行比较后发现两者居然有互补的倾向。于是，试着让李莉莉和刘梅对同一个客户资料相互沟通，并且合作完成同个产品的设计方案。两个人在统一了大体方向后，由李莉莉负责整个广告方面的文案和策划，由刘梅进行绘图方式的表达，这样设计出来的作品结合了两个人的优势，创意独特，让人耳目一新，客户几乎没改动就通过了。从此以后，她们之间就形成了一种特别的工作关系。在不断地合作过程中默契度越来越好，两个人因为出色的工作表现成了公司的知名设计组合，同时也为公司赢得了越来越多的客户。

一个企业的成功固然取决于人才个体的素质，但更依赖于合理的人才组合，只有通过人才优化组合，才能保证人才整体结构合理化，从而保证企业经营组织的最佳效能。

在动物界里有些动物之间存在一种奇妙的友好关系，它们互为友邦，相得益彰。比如，印度有一种体壮力大、勇猛无比的犀牛，天生眼小近视，生活很是不方便。恰好有一种叫牛鹭的小鸟，专门“伺候”犀牛，停在它的身上，啄食犀牛皮肤内藏着的寄生虫，这样既填饱了自己的肚子，又清洁了犀牛的身躯，两者之间各得其益，形成了“共生”互补。

处于不同年龄阶段的人才各有特色：年轻人精力旺盛、创造力强、开拓精神强，但缺乏经验；老年人阅历广、经验丰富、威信高，但进取意识弱；而中年人素质介于二者之间。从人才气质类型看也各有千秋：有的人内向，有的人外向，有的人急躁，有的人温和……根据人才年龄、气质上的差异，在组合中做到各取其所长，补其所短，才能发挥良好的整体效应。所以说，合理的人才组合还应该讲求年龄、气质上的互补，从而形成最佳的人才整体结构。因而，在企业人才结构中，针对人才个体所存在的种种差异，实现知识优势、能力优势的互补，因才制宜，以长补短，相互协作，以形成大于人才个体能力总和的合力，从而产生良好的组织效应。

本章小结： 企业重视人才，却不懂得如何选择合适的人才，管理者往往依据主观意识选才，确定人才到岗凭个人感觉偏多，这就为后来的用人埋下隐患。正所谓“选择不对，努力白费”！选才是用人的基础，是识人的后续，往往很多企业将这部分忽略不计，导致企业人才观系统的缺失。选才对位才能实现对岗作业，按需配位，选才适当才能达成“用人不疑疑人不用”。

第五章 用人
——好钢要用到刀刃上

从“CEO病”看企业领导用人误区

著名情商大师戈尔曼（Daniel Goleman）定义的“CEO病”是指：在CEO周围，形成了一个巨大的信息真空。CEO既不知道组织内的真实情况，组织面临的环境的真实情况，也不知道组织内的其他人对自己的真实看法。

从此定义，我们可以思考另一个问题：“CEO群”（CEO病，并不是CEO才会得。组织内的各层领导都可能得。笔者把这个群体称之为CEO群）的用人之道！

作为管理者和领导者，管的是人，理的是事！必须具备起码的识人，断(判断)人，用人，育人，驭人能力！管理技能中，断人识事也是基本技能！

正人先正己！要驾驭真正的人才，使其能个展所长，各施其位。首先要能懂人、识人，进而断人！而要具备这种能力，就要自己管理好自己，在塑造自己的人格魅力的同时，懂得洞察人的内心世界和尊重人才的个人需求，才能让适合的人在合适位置，发挥更大的效能！所以，CEO群在用人之道上，切忌不懂人而乱点兵，出现“CEO病”中的信息真空！我们可以从几类典型的用人误区中发现此类现象：

误区1——任人唯顺；重用顺从自己的人，而一味顺从甚至盲目顺从的人，往往缺乏创新精神和责任原则，这反而满足了领导者的虚荣心，从而对客观事实判断偏差，步入主观判断和感性判断！ CEO群一旦对此类人委以重任，必是拿职权当荣誉去招摇，不当责任去履行。CEO群必会为不能管好自己的虚荣心和驾驭感性认知线，而负全部责任和惨痛教训！

误区2——任人唯信；重用自己的亲信人员，整个组织失去公平公正，基层对组织逐渐失去信心，无法建立良性竞争机制，人才储备无从谈起，自然形成信息真空。CEO群不能自我责任，致使其他人才心生不满，丧失公信力！不懂得尊重人才和建立人才竞争，才会走入此误区。

误区3——任人唯历；重用有高学历和高资历的人，缺乏实战经验和创新能力是此类人的软肋，根本驾驭不了实干型和激进型人才！不排除有真才实学者，这就需要CEO群火眼金睛来发掘，此处提及是指，不可唯（唯独唯一）高学历和高资历而委以，否则，组织发展缓慢不说，还会错过发展机遇，错失实干型和激进型人才！下属中有高学历高资历者固然是好事，但CEO群们切忌急于求才，覆水难收！

古人用人之道讲求“知人善任”，知人为先，善任为后！唐太宗的“房谋杜断”，对李靖战则为将、和则入相（李靖文才武略兼备，在外能带兵，入朝能为相，唐太宗就任用李靖为刑部尚书兼检校中书令）就是很好的范本！而当今名企名家“蒙牛”牛根生的用人之道也是非常好的佐证：有德有才，破格重用；有德无才，培养使用；有才无德，限制录用；无德无才，坚决不用（见图7）。

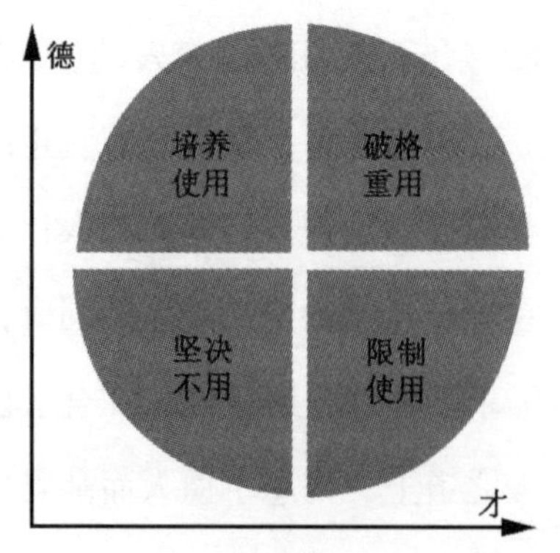

图7　蒙牛的用人之道

能干事给空间，干成事给平台

员工的创造力对于一个公司来说已不再是一种发展的必需，而是已演化成为生存的必需。在这个追求个性发展的信息时代，没有创造力的员工无异于“高价电脑”，所以为什么还不用真正的电脑顶替他的位置呢?

看不到企业的前景是无论如何也激不起员工的工作热情的，这样的企业也不可能让员工安心留在公司工作，要给员工提供较大的发展空间和提升的平台，可以从以下三方面着手：

（1）建立及完善竞争机制，鼓励员工通过正当竞争上岗，很多企业一旦出现岗位空缺，他们首先想到的是从外部招聘人员，而不考虑从内部提拔；也有的企业想到了先从内部提拔，但由于没有建立竞聘机制，或者是因为太熟悉内部员工，看到的总是员工的各种不足而看不到员工的诸多优点，到最终还是会考虑从外部招聘，在他们眼里，总是以为“外来的和尚会念经”。事实上这对员工的打击相当大，当员工觉得公司缺少发展空间的同时，也就缺少了积极向上的动力，这样既不利于激励员工，也不能很好地在团队里营造竞争气氛。

（2）对在本岗位已经有不俗表现、能力已超越本岗位要求的员工，但暂时又还没有更高一层级的岗位空缺时，不妨对员工予以轮岗，用新的岗位，新的工作，新的挑战，激起员工的工作热情，同时，也让员工学到更多的知识和技能，有效提升员工的综合素质，为该员工能胜任更高层次的工作岗位打下基础。

（3）给员工提供足够的培训机会。海尔的张瑞敏曾对他的管理人员这样说过：员工刚进入公司素质不高，不是你们的错，但一段时间后，员工的素质还是不高，就肯定是你们的错。可见，对员工的培训是多么重要，有的企业也不是没想过要对员工进行培训，但是培训就得有投入，因为舍不得投入，而不为员工提供培训机会，实在是得不偿失。松下公司就非常看重对员工进行培训，因为松下幸之助懂得，投资在大脑的钱比投资在机器上的钱能赚更多的钱，而培训的方式也可是多种多样的，只要善于开动脑筋，你就会发觉，培训可以无处不在，可以随时随地。

有意识地培养员工的创造力，是领导者们成本低、见效高的选择。现在就好好反省一下，你是否为他们做到了这些：

第一，给予员工一个创造的空间。一个人再有能力，如果被一些客观上不可能实现的条件束缚住了手脚，那么也只能是无能为力了。一个健全的单位，一定有一套固定的办事方法和规矩，这些规矩有些有利于工作效率的提高，有些可以说是弊大于利，使办公手续烦琐和复杂，使每日重复遵守这些死条文的员工们透不过气来，严重影响了他们的工作能力。这是你为员工们提供创造空间需要解决的第一个问题。在合理的情况下对既成的规矩予以变通，仔细分析来自工作一线那些最有发言权的员工们的意见，减少条文的细节，不要墨守成规。另外不要以领导者的身份时时处处对员工们“光临指导”，而是给他们一些自主权，任由他们创造性地完成任务。

第二，鼓励逆向思维。曾经有人请教一位商界奇才，问他的成功秘诀是什么。“如果你知道一条很宽的河的对岸埋有金矿，你会怎样办？”商人反问他。“当然是去开发金矿。”那人不假思索地回答。商人听后笑着说：“如果是我，一定修建一座大桥，在桥头设立关卡收费。”听者这才如梦初醒。商人的高明之处就在于他采取了与正常人相反的思维方式，出奇制胜。正是由于大多数人都习惯于正向思维，才使逆向思维者面临的机会要多得多，也才更容易获胜。

第三，鼓励下属敢于幻想人们常说：有梦想的人不一定成功，但成功的人一定曾经梦想过。因为只有这样，他才会有一个目标去追求；而那些整日碌碌无为、只求温饱的人，绝不会去梦想——他们甚至缺少这种勇气。

所以，作为管理者，你应该高兴身边有一些满脑子怪念头的员工，要告诉他们你很欣赏他们的这种幻想精神，并鼓励他们做更多的实际工作来完善他们的构想，帮助他们在众多的幻想中选择其中的一两个进行更深入的分析。同时，你还要感谢这些员工将这种爱幻想的风气带到了你的部门和其他员工身边。最后，在部门大会上肯定这种精神，说明有价值的幻想并不是白日做梦，并希望员工们都拥有自己的幻想。

第四，鼓励员工多多了解各门学科的知识，打好基础，开阔眼界创造力是一种能力，它在生活中表现为瞬间的思想火花，应该明确这种灵感的产生并不是偶然的。当一个学识广博的人被一种问题所困扰时，他往往会尝试运用他所掌握的其他学科的知识来解决问题，这也是一种创造力。

以上的内容如果你都做到了，那么你不愧为一位“有创造力”的管理者；如果没有，把它们当成你今后的工作目标，定会让公司和员工都受益匪浅。

有效培训的秘诀在于激励。要使你的员工们愿意学习，然后逐渐让员工去从事更困难的工作。记住告诉他们去做什么，怎样做，以及为什么要这样做。多多给予表扬和鼓励。

创造成才环境。在部门里一旦出现了冒尖的人才时，难免会有流言飞语，甚至造谣中伤。作为管理者，面对这种情况，应该做到以下几点：

第一，创造优良环境。为了使冒尖人才能够脱颖而出，必须在公司内部创造一种有利于人才脱颖而出的优良环境。公司全体上下尊重人才，尤其是冒尖人才，人才按照贡献的大小具有相应的鼓励机制，真正的人才才能够人尽其才。

第二，大胆地起用。在对待冒尖人才的问题上，管理者应该表现出自己的魄力，要大胆地起用，不要顾及别人的流言飞语。冒尖人才需要得到领导的赏识，需要领导不拘一格地使用，为他们提供实现自己价值的机会。

第三，尽快提拔。一旦发现了冒尖人才，应尽快地把他们提拔到关键性的岗位上去，让爱说闲话和造谣的人自感没趣。

第四，制止流言飞语。有些人出于各种各样的心理，往往会散布关于冒尖人才的各种流言飞语，对于这种行为，管理者要及时地制止。对于情节严重者，一定要给予严厉的处罚，这体现了对冒尖人才的呵护和支持。

第五，进行奖励。对于冒尖人才，要进行适当的奖励。这不仅有利于鼓舞他们的斗志，而且也有利于他们更快地成长，同时对公司的其他员工也能起到一种示范效应，有利于在公司内营造一种尊重人才的氛围。

第六，解决后顾之忧。冒尖人才一旦被提拔重用，一般就会全身心地投入工作。这个时候，管理者要照顾好冒尖人才的家庭，解决他的后顾之忧，让冒尖人才安心工作，早出成果。

对于冒尖人才，管理者一定要提拔重用，给他们创造实现自己价值的机会，为公司创造更多的效益。

用人所长，巧补其短

领导者看人用人要扬长避短。列宁指出：“人们的缺点多半是同人们的优点相联系的。”如果领导者只盯着下属的缺点，死死抓住人家的小辫子不放，那么就只好无人可用了，这也不利于人才的成才。

汉代政治家贾谊说：“大人物都不拘细节，从而才能成就大事业。”孟尝君的门客中都是些“鸡鸣狗盗”之徒，然而这些人都有一技之长，大可运筹帷幄，小可危难救人。

一个成功的管理者应该全面了解下属员工，知道他的长处和短处，并进行优化组合，使其为企业的发展贡献最大的力量。

我国古代有一则“西邻五子”的寓言，也说明了“扬长避短，合理用人”的道理。

这则寓言说的是西邻有五个儿子，五子中除一个朴实、一个聪明之外，其余一个是瞎子，一个是跛子，一个是驼子。由于西邻注意发挥每个儿子的长处，叫朴实的种田，聪明的经商，盲人算卦，跛足搓麻，驼背纺线，用人所长，避人所短，使五个儿子均无衣食之忧。

知人善任，注意发挥每个人的特长，是管理者的一个基本功。作为一名优秀的领导者，不但要知道每一个人的特长，还应掌握每一个人的不足，在使用中注意发挥其特长，并根据其不足做好防范工作。

武帝刘秀就是这样一位领导者，由于他知人善任，成就了一世伟业。刘秀深知每个将领的长处和短处，他用人总是扬长避短。他手下有一名大将叫贾复，这个人的长处是作战勇猛，短处是容易轻敌。因此，刘秀不让贾复为主将，而是让他在有名望的将军手下为副将。如果必须让他为主将率军远征，必得派一名德高望重的人做监军，给予必要的节制，免得轻敌失事。

古人说过：金无足赤，人无完人。每个人都有其长处，同时也有不足的地方，用其长处，人才就会有使不完的劲；用其短处，人才就成了“开着拖拉机追兔子——有劲也使不上”。正确的方法是扬长避短，在发挥他的长处的同时，对他的短处还要有所抑制，防止他的短处造成负面影响。这是需要我们企业管理者时刻注意的。比如，一件需要迅速处理的工作，可以交给反应敏捷、动作快速的职员，然后再由那些做事谨慎的职员加以审核；相反，若有充裕的工作时间，就可以给谨慎型的职员，以求尽善尽美。

清代思想家魏源指出："不知人之短，不知人之长，不知人长中之短，不知人短中之长，则不可以用人，不可以管人。"如今，随着科学技术的高速发展，企业如何使用人才，把人才的效用发挥到最大化成为企业管理者面临的一个重大课题。要想做到人才效用最大化，管理者必须根据发展状况和实际需要，认真研究企业对人才的需求，什么岗位要什么样的人才，要做到胸中有数。同时要清楚了解员工的能力与特长情况，尤其要善于发现那些默默无闻的人才。要根据人才的专长，扬长避短，合理使用人才，只有这样才能最大化地激发员工的潜能，为企业带来更大的收益。

知人善用是一种领导艺术，古人知道用人不求全责备，论大功不寻小过的道理，刘邦所用的人不少都负有恶名，但都有一技之长，合起来就是一个整体，无往而不胜，刘邦用人只求独当一面而不要求文武齐备，这就是刘邦能得天下的原因！

凡是有才能的人往往恃才放旷，狂傲不羁。所以用人之道，贵在不拘一格，用我所用不计其他，才能人尽其才，发挥最大的效用。三国时期的孙权用人成功的秘诀之一，在于他教育部下的独到方法："贵其所长，忘其所短。"这里的"忘"不是普通的忘记，而是明知道人的短处，却不去指点他，即使指点，也不要当面指责，应当选择适当的时机提出来，因为任何人都喜欢被人称赞，讨厌别人吹毛求疵。称赞自己的长处，就会产生积极向上的动力，而挑自己的毛病，就会萎靡不振，失去工作的积极性，因此，身为领导者，应该学习孙权不吝赞美人的长处，多发挥部下的长处，勿揭其短，这样才能使部属健康成长。当然，不是一味地、无原则地放纵人才的缺点，也不是无视人才的品德，关键要把握一个"度"。

以胜任力为用人考核标准

信任员工，可以充分激发他们的创造潜力，甚至能够为公司带来不菲的价值。信任就是力量，员工在得到信任后便会产生荣誉感、增强责任心，而且，信任往往是相互的。在信任的基础上，特别是当领导所给予的信任与员工个人的兴趣、爱好相吻合时，员工工作起来会更有干劲。

如果你对员工是信任的，就要让他们知道。有两种方法可以表明你的信任，让你的下属更舒适、更充满自信地工作。一种是用语言表达出你的信任，只需要平实地告诉对方即可，无须过分地修饰。用“甜言蜜语”往往只会适得其反，削弱本来应有的效果。

另一种方法就是让员工担任某一职位、承担某一责任、授权给他们做某事。这样你对他的信任就不言自明，这些接受了重要任务的员工感觉会很好，因为只有对可信任的员工，公司才会赋予这种任务。

你的信任需要适时地表达出来，让你的员工体会并且相信，这样才能保证你的信任足以带动员工的热情，这样才能使他们积极地投入工作，努力为你打拼。“盲目信任”是愚蠢的，深入了解才是明智的，这就对领导者提出了更加严格的要求。

每个人都有被重视、被信任的渴望，企业敢不敢于放手用人，给员工一个施展才华的舞台与机会，是影响核心员工忠诚的一个重要方面。在对离职员工进行调查时，不少离职的核心员工都反映，领导不信任人，不肯放权，不给发挥的余地，无论什么情况下犯的错误都推给员工，这是他们辞职的最主要原因。对于知识经济时代的核心员工而言，给予他们必要的信任和更大的决策权是精神激励的重要组成部分。

核心员工大多具有更强的自主性，他们不仅不愿受制于物，而且无法忍受上级的遥控指挥，他们更强调工作中的自我引导。核心员工具有获得更大成就和业绩的意识，被企业委以重任可以促使他们对工作充满热情，发挥更大的主动性。在知识经济时代，企业的核心员工往往比管理者更加专业，对自己的工作比管理者更为熟悉。解决这个问题最重要的方法就是选择优秀员工，相信他们，给予他们足够的施展个人才智的空间与权力。

相信别人这个道理是显而易见的，我们可以怀疑某个人的能力，但不能怀疑所有人的能力。

大多时候，大多数管理者都相信自己，对他人不放心，经常干涉员工的工作，这恐怕是管理者的通病，对于从工作第一线成长起来的管理者更是如此。但是，殊不知，这样会在企业中形成一个怪圈：领导不信任员工，一遇到紧张阶段或者棘手的问题，就想自己插手，变得独断专行。而员工就会被束手束脚，养成依赖、从众和封闭的习惯，有主动性和创造性的核心员工即使不离开，这种氛围下也会变得碌碌无为。时间长了，企业就会丧失生机和活力。

在 GE 前 CEO 韦尔奇上任的时候，GE 这个巨大的组织就面临着这样的问题，庞大的组织弥漫着官僚气息。韦尔奇对此指出："领导管得少，才能管得好。"他把信任员工和充分授权看做是现代管理的真谛，并将这个管理理念在整个 GE 管理层中加以推广。除 GE 公司之外，在这方面值得一提的还有微软公司。

许多公司常发生下列情况，当搬到一幢新的大楼时，为了安全起见，公司会要求每个人佩戴徽章，有一天，员工在布告栏里看到一大堆规定，公司似乎把员工当成低能儿或准囚犯，难怪员工会愤怒。这些公司似乎相信只要立下各种规范和条例，就可以使最笨的人也不会犯错，同时使所有人都有所遵循，类似于这样的事情屡见不鲜。

但比尔·盖茨从来不这样做，而是把繁事简化，因为他认为自己的员工都很聪明，应该信任员工，让员工自行决策，如果员工不守法，他会单独处理这个员工，而不是处理所有员工。微软的员工对他们的工作有权作任何决定，因此他们的决策非常迅速，但每当他们要提出一项建议时，也必须提出适合的替代方案，并列举优缺点。这样做的用意是要训练员工的思考能力，如果事先都将可能的状况和问题考虑过了，当原方案失败时，就可以立即采用替代方案而不致措手不及。

微软从不规定研究人员的研究期限，只是对开发产品的技术人员规定了期限。“真正的研究是无法限定期限的，因为都是一些未知的东西，但开发必须有期限，这是研究与开发最根本的区别。但是，如果我花了两年时间还没有研究出结果，我就会认为这个项目可能不是一个非常好的项目，我往往会放弃它。”

微软首席技术官巴特对盖茨在员工信任方面的做法颇有感触。52岁的他通过盖茨亲自面试进入微软公司，得到了相当宽松的工作环境。之后，除了盖茨有时向他请教一些问题外，几乎没有别人来打扰他。巴特说：“微软也不给我派什么任务，也不规定研究的期限，我可以一门心思地钻研一些我感兴趣的问题。有时，盖茨来问我一些很难解答的问题，比如大型存储量的服务器的整体架构应该是怎样的？像这一类的问题我一般都不能马上回答，而要在一两个月之后才能答复，因为我要整理一下材料和思路。”在这种充分的信任下，巴特既不需要从事繁重的产品开发工作，也不需要从事烦琐的行政管理工作，只是安心从事自己喜爱的科学研究就可以了。大多数时间他都待在微软研究院里，即使几个月、一两年都没有研究成果，他的薪金和股份也不会受到影响。在这种宽松的工作氛围的吸引下，谢利、巴尔默、西蒙伊、莱特温……一批英才聚集到微软的大旗下，围绕在盖茨的身边。“这都是些重量级的思想家。”盖茨颇为自豪地说。

然而这种信任换来的并非员工的碌碌无为，因为员工们有了足够的空间和自由去发展自己的才能，追求自己的梦想，其成效反而更大。以巴特为例，在加入微软的最初四年，他就研究出六项重大成果，其中电子邮件的加密软件程序在业界的影响很大。

由此可见，信任员工，可以充分激发他们的创造潜力，甚至能够为公司带来不菲的价值。对于大多数的管理者而言，信任员工就需要作一些具体的调整：

（1）信任能使人处于相互包容、互相帮助的氛围中，易于形成团队精神以及积极热情的情感。

（2）信任能使每个人都感受到自己对他人的价值和他人对自己的意义，满足个人的精神需求。

（3）信任能有效地提高合作水平及和谐程度，促进工作的顺利开展。尽管信任对于一个团队具有化腐朽为神奇的力量，但实际上很多企业都处于一种内部的信任危机当中。比如，没有凝聚力、上司在下属面前没有威信、人心不稳、工作没有积极性，企业犹如处在一个随时都可能爆发的火山口上。

人，最重要的不是他是什么，而是你把他当做什么。你给他多少信任，他就会回报你多少，问题的关键是你对他的导向。你的沟通、你的行为、你的认知、你的习惯形成了你固有的用人文化。一个对他人总不放心的人，最终是孤独、孤立和失望的。

失去了信任，管理就成了无源之水、无本之木。没有哪一个领导人希望员工背叛公司，但是员工的忠诚是用信任打造出来的。只有“真心”才能换来诚心，这“真心”就是领导人对员工的信任。信任你的团队，信任你的员工，是领导成功的第一步。

当然，给人以信任，不是无原则的不管不问，信任不是放任，有问题不能视而不见，不能盲目的理解与认可。这也就是目前最时髦的讲法，授权不等于放权，放权不等于弃权，对问题必须敏锐地去发现、去防范，要善于去寻找问题，再把问题消灭在萌芽阶段。千万不要被人看成是好欺骗，好糊弄的“慈善组织”。这样的“包容”不是包容，是纵容、是无能，也是滋生腐败与个人邪念的温床。看什么都是问题，好像什么人都值得怀疑；看不到问题，什么都随他去，更不行。要敢于看到问题，并准确判断其本质，然后，恰到好处地予以扭转和改正，多一些理解，再多一些信任，才能取得好的效果。

信任他人，不仅能有效地激励人，更重要的是能塑造人，在人与人相互信任的氛围中，彼此无忧无虑，无牵无挂，思维空前放松与活跃，可以尽情发挥自己的聪明才智，在这样的境界里，人性本能驱使自己要维护这方相互信任的净土，在每一个不光明的念头出现时，人们都会自觉抵制。这种境界是物质激励无法达到的。要承认，物资收入是重要的，但不是最重要的。

为挖掘员工的潜力，最大限度地发挥其积极性与主观能动性，领导者通常采取的较为普遍的方式是根据绩效，给员工以相应的工资、奖金、晋升、培训、福利等，以此来唤起他们的工作热情和创新精神。的确，高工资、高奖金、晋升和培训机会、优厚的福利固然是一剂有效激励员工的灵丹妙药。但是，这同时也给企业带来了较高的成本。

那么高工资、高奖金、晋升机会、培训、优厚的福利是激励的唯一手段吗？是否还有别的有效的激励途径与手段？有，在管理学家看来，那就是包容与信任！其实，最简单、最持久、最“廉价”、最深刻的激励便来自于包容与信任。

激励的目的是在追求利润最大化的基础上，建立一支具有凝聚力的团队，吸引并留住优秀的人才。但包容与信任这一激励手段，为什么往往被许多领导所忽视？这种现象值得我们深思。其实，高工资、高奖金、晋升机会、培训、优厚的福利等手段只是满足人性最初期、最原始的本性。能唤起人们最光辉、最有价值、最宝贵的忠诚与创新还是包容与信任，这是不应该被冷落，更不能放弃的最好的绿色激励。

信任需要智慧，信任需要胸怀，信任需要勇气，信任更需要执着（见表6，表7）。

表6　　　　干部胜任力评估表

<table>
<tr><td colspan="2" rowspan="2">考核要素</td><td rowspan="2">考核标准</td><td colspan="5">评价尺度</td></tr>
<tr><td>优</td><td>良</td><td>中</td><td>可</td><td>差</td></tr>
<tr><td rowspan="12">工作态度20%</td><td rowspan="3">品行</td><td>是否忠诚企业，诚信正直，廉洁奉公，推功揽过，有较高威信</td><td>3.0</td><td>2.5</td><td>2.0</td><td>1.5</td><td>0.5</td></tr>
<tr><td>是否胸怀宽广，容人之短，用人、举贤、评价人出于公心</td><td>2.0</td><td>2.0</td><td>1.0</td><td>1.0</td><td>0.0</td></tr>
<tr><td>是否遵章守纪，勇于纠正不良行为，维护企业利益</td><td>1.0</td><td>1.0</td><td>0.5</td><td>0.5</td><td>0.0</td></tr>
<tr><td rowspan="3">积极性</td><td>是否工作积极、勤奋，是否有懈怠、拖延工作的现象</td><td>3.0</td><td>2.5</td><td>2.0</td><td>1.5</td><td>0.5</td></tr>
<tr><td>是否积极学习本职工作所需知识和能力</td><td>1.0</td><td>1.0</td><td>0.5</td><td>0.5</td><td>0.0</td></tr>
<tr><td>是否具有高标准做好本职工作的热情</td><td>1.0</td><td>1.0</td><td>0.5</td><td>0.5</td><td>0.0</td></tr>
<tr><td rowspan="3">协作性</td><td>是否与相关部门积极配合，使工作协调、高效地进行</td><td>2.0</td><td>1.5</td><td>1.5</td><td>1.0</td><td>0.5</td></tr>
<tr><td>是否善于与人进行沟通</td><td>1.0</td><td>1.0</td><td>0.5</td><td>0.5</td><td>0.0</td></tr>
<tr><td>是否积极教育培训下属，提高其素质和技能</td><td>1.0</td><td>1.0</td><td>0.5</td><td>0.5</td><td>0.0</td></tr>
<tr><td rowspan="3">责任心</td><td>工作能否一抓到底，不半途而废，紧急情况下能否亲临第一线</td><td>2.0</td><td>1.5</td><td>1.5</td><td>1.0</td><td>0.5</td></tr>
<tr><td>是否敢于管理，不纵容错误，原则性与灵活性相结合</td><td>2.0</td><td>2.0</td><td>1.0</td><td>1.0</td><td>0.0</td></tr>
<tr><td>对工作失误是否逃避责任或辩解，对下属的过失是否勇于承担责任</td><td>1.0</td><td>1.0</td><td>0.5</td><td>0.5</td><td>0.0</td></tr>
<tr><td rowspan="4">综合能力30%</td><td rowspan="4">知识技能</td><td>是否具有掌控全局、统筹规划、组织协调、整合团队的能力</td><td>9.0</td><td>7.0</td><td>6.5</td><td>5.0</td><td>2.5</td></tr>
<tr><td>是否善于激励下属，知人善任，并有效地监督、指导下属工作</td><td>9.0</td><td>8.0</td><td>7.5</td><td>6.5</td><td>3.5</td></tr>
<tr><td>专业知识是否有一定的深度和广度，是否了解先进理念和前沿动态</td><td>6.0</td><td>4.5</td><td>3.5</td><td>2.5</td><td>2.0</td></tr>
<tr><td>能否准确、及时地发现问题、解决问题，并能举一反三、趋利避害</td><td>6.0</td><td>4.5</td><td>4.0</td><td>2.5</td><td>1.5</td></tr>
</table>

续　表

考核要素		考核标准	评价尺度				
			优	良	中	可	差
工作绩效50%	正确	工作结果是否达到预期目标或计划要求	8.0	7.0	5.5	3.5	2.5
		审批意见、决策结果是否准确无误	7.0	4.5	3.0	2.0	1.0
	速度	是否按时完成工作任务，工作总结和汇报是否及时	7.0	5.0	4.0	3.0	2.0
		是否在保证工作正确的前提下，提高了工作速度	5.0	4.0	4.0	3.0	2.0
	成果	有否为完成工作任务的行动计划，并保质、保量完成	7.0	6.5	5.5	5.0	3.0
		成本意识如何，即同等条件下以最少的投入，获得最大的产出	7.0	6.5	5.0	4.0	3.0
		创新能力如何，即改进方法、新思路、新设想、新方案的有效性	6.0	5.5	4.5	4.0	2.5
		有否特殊成果，即在某方面解决了重大问题或取得明显成效	3.0	2.5	2.5	1.5	0.5

考评得分：　分　　评定等级：　　　签名 / 日期：

（备注：评定标准：90~100 分为优秀，80~89 分为良好，70~79 分为中等，60~69 分为合格，低于 60 分为不合格。）

表 7　　普通员工胜任力评估表

考核要素		考核标准	评价尺度				
			优	良	中	可	差
工作态度20%	品行	是否遵章守纪，忠诚企业，诚信正直，廉洁奉公	3.0	2.5	2.0	1.5	0.5
		是否遵章守纪，勇于纠正不良行为，维护企业利益	2.0	2.0	1.0	1.0	0.0
		是否有不心甘情愿的工作态度	2.0	1.5	1.5	1.0	0.5
	积极性	是否有对高标准做好本职范围内业务的热情	2.0	2.0	1.0	1.0	0.0
		是否懈怠、拖延工作或借故逃避繁重工作	1.0	1.0	0.5	0.5	0.0

续 表

<table>
<tr><th colspan="2" rowspan="2">考核要素</th><th rowspan="2">考核标准</th><th colspan="5">评价尺度</th></tr>
<tr><th>优</th><th>良</th><th>中</th><th>可</th><th>差</th></tr>
<tr><td rowspan="6">工作态度20%</td><td rowspan="3">协作性</td><td>是否乐意协助他人工作</td><td>3.0</td><td>2.5</td><td>2.0</td><td>1.5</td><td>0.5</td></tr>
<tr><td>是否善于与人进行沟通</td><td>1.0</td><td>1.0</td><td>0.5</td><td>0.5</td><td>0.0</td></tr>
<tr><td>与同事、上级合作的情况</td><td>1.0</td><td>1.0</td><td>0.5</td><td>0.5</td><td>0.0</td></tr>
<tr><td rowspan="3">责任心</td><td>能否自觉开展本职工作，对其工作是否不必操心</td><td>3.0</td><td>2.5</td><td>2.0</td><td>1.5</td><td>0.5</td></tr>
<tr><td>对工作和上级是否有敷衍、推诿现象</td><td>1.0</td><td>1.0</td><td>0.5</td><td>0.5</td><td>0.0</td></tr>
<tr><td>对工作失误是否逃避责任或辩解</td><td>1.0</td><td>1.0</td><td>0.5</td><td>0.5</td><td>0.0</td></tr>
<tr><td rowspan="4">工作能力30%</td><td rowspan="4">知识技能</td><td>是否具备所从事岗位的专业知识和相关知识</td><td>9.0</td><td>8.0</td><td>6.5</td><td>5.5</td><td>3.5</td></tr>
<tr><td>能否正确理解上级指示的意图和重点，并保质、保量地完成</td><td>9.0</td><td>7.0</td><td>6.5</td><td>5.0</td><td>3.0</td></tr>
<tr><td>能否准确、及时地发现问题、解决问题，并能举一反三、趋利避害</td><td>9.0</td><td>6.5</td><td>6.0</td><td>5.5</td><td>2.5</td></tr>
<tr><td>是否做出过草率、错误的判断或措施</td><td>3.0</td><td>2.5</td><td>2.5</td><td>1.5</td><td>0.5</td></tr>
<tr><td rowspan="9">工作绩效50%</td><td rowspan="2">正确</td><td>工作结果是否达到预期目标或计划要求</td><td>6.0</td><td>5.0</td><td>4.5</td><td>3.0</td><td>2.0</td></tr>
<tr><td>工作上是否有半途而废造成后遗症的现象</td><td>4.0</td><td>3.5</td><td>3.5</td><td>2.5</td><td>1.5</td></tr>
<tr><td rowspan="2">速度</td><td>是否在保证工作正确的前提下，提高了工作速度</td><td>5.0</td><td>4.0</td><td>3.0</td><td>2.5</td><td>1.5</td></tr>
<tr><td>是否因为重做而有所延误</td><td>5.0</td><td>4.0</td><td>3.0</td><td>2.5</td><td>1.5</td></tr>
<tr><td rowspan="5">成果</td><td>工作总结和汇报及时、准确、真实</td><td>8.0</td><td>6.5</td><td>5.5</td><td>4.5</td><td>3.0</td></tr>
<tr><td>工作中熟练程度和技能提高较快</td><td>7.0</td><td>5.5</td><td>5.0</td><td>4.0</td><td>2.5</td></tr>
<tr><td>成本意识如何，即同等条件下以最少的投入，获得最大的产出</td><td>5.0</td><td>4.0</td><td>3.5</td><td>3.0</td><td>2.0</td></tr>
<tr><td>创新能力如何，即改进方法、新思路、新设想、新方案的有效性</td><td>5.0</td><td>4.0</td><td>3.5</td><td>3.0</td><td>2.0</td></tr>
<tr><td>有否特殊成果，即在某方面解决了重大问题或取得明显成效</td><td>5.0</td><td>4.0</td><td>3.5</td><td>3.0</td><td>2.0</td></tr>
</table>

考评得分：　分　　评定等级：　　　签名 / 日期：

（备注：评定标准：90~100 分为优秀，80~89 分为良好，70~79 分为中等，60~69 分为合格，低于 60 分为不合格。）

鼓励良性竞争机制平衡

强有力的竞争，可以促使员工发挥高效能的作用。因此，在对下属的管理中，引入竞争的机制，让每个人都有竞争的意念，并能投入到竞争之中，组织的活力就永远不会衰竭。

我们正处在一个充满竞争的时代，管理者必须重新界定自己和企业的地位。无论你的企业是赢利的还是非赢利的，都必须面对高利润企业的高效率竞争，若不及时反省管理原则，随时都有可能惨遭淘汰。管理者应向部属说明企业竞争力的重要性。

心理科学实验表明，竞争可以增加一个人50%或更多的创造力。每个人都有上进心、自尊心，耻于落后。竞争是刺激他们上进的最有效的方法，自然也是激励员工的最佳手段。没有竞争，就没有活力。没有压力，组织也好、个人也好，都不能发挥出全部的潜能。

美国企业管理专家认为，没有竞争的后果，一是自己决定唯一的标准；二是没有理由追求更高的目标；三是没有失败和被他人淘汰的顾虑。

当前，许多企业办事效率不高、效益低下，员工不求进取、懒散松懈，从根本上说，是缺乏竞争的结果。鉴于此，要千方百计将竞争机制引入企业管理中。只有竞争，企业才能生存下去，员工才能士气高昂。

竞争中要注意的问题是竞争的规则要科学、合理，执行规则要公正，要防止不正当竞争，培养团队精神。有些竞争不但不能激励员工，反而挫伤了员工士气。如果优秀者受到揶揄，就是规则出了问题，不足以使人信服。

凡是竞争激烈的地方，经常发生不正当竞争，例如：不再对同事工作给予支持，背后互相攻击、互相拆台；封锁消息、技术、资料；在任何事情上都成为水火不相容的“我们和你们”；采取损害公司整体利益的方法竞争等，这些竞争势必破坏团队精神。企业的成功依赖于全体员工的团结、目标一致，而不正当的竞争足以毫不含糊地毁掉一个组织。

为了避免不正当竞争的弊端，第一，要进行团队精神塑造，让大家明白竞争的目标是团队的发展，“内耗”不是竞争的目标；第二，创造一个富有奖励的共同目标，只有团结合作才能达到；第三，对竞争的内容、形式进行改革，剔除能产生彼此对抗、直接影响对方利益的竞争项目；第四，创造或找出一个共同的威胁或“敌人”，如另一家同行业的公司，以此淡化、转移员工间的对抗情绪；第五，直接摊牌，立即召见相关人员把问题讲明白，批评彼此暗算、不合作的行为，指出从现在开始，只有合作才能受到奖励，或者批评不正当竞争者，表扬正当竞争者。

关于激发良性竞争的建议和措施：

（1）定期审视自己企业的文化氛围和环境的适应性。很多企业在前期成功后往往会习惯于以往的经验判断和惯性思维，导致惰性工作习惯，而漠视市场和环境的变化。美国王安电脑、爱立信等，都是因为没有走出自己成功的“阴影”，不适合环境的发展而倒闭的，因此定期对内外部环境的审视是企业避免“僵硬”发展的基本前提。

（2）不断提醒企业成员，尤其是高层领导，消除小富即安、不思进取的安逸状态。很多企业赖以生存的市场会不知不觉地被竞争对手蚕食掉，所以危机意识是每个企业员工，尤其是领导人应该保持的基本状态。从来没有一成不变的成功，守住市场比打拼市场更困难，因此决策制定者应该贴近市场，贴近一线，不断研究竞争对手，从而获得领先一步的市场地位。

（3）设计精益思想，追求卓越的文化制度。企业应该鼓励员工能够以不断突破自己为荣；通过绩效考核的手段去激发团队成员的创新氛围，比如引入平衡计分卡考核的思维，不仅仅关注于员工的短期绩效水平，更着眼于员工因为创新思维而带来的长期效益。而这种激励除了适度的物质激励以外，更多的应该体现在精神层面的荣耀上，包括一些公众场合的鼓励，活动的嘉奖，等等。丰田公司的精益思想是通过组建精益小组来完成对产品质量的不断苛求，虽然前期丰田因大幅度扩张以及员工的大面积换血导致“质量门”事件，但其精益思维的闪光点依然值得我们学习和借鉴。

（4）适度引入外部新鲜血液，刺激团队内部的竞争氛围。企业内部的晋升制度有良好的激发企业成员对企业的归属感和奋发向上的晋升斗志，但对于一些企业而言，这种“近亲繁殖”的方式可能会导致企业内部处于一种文化停滞状态，因此，适时让一些空降兵进入企业有利于企业内部的活力激发。管理学中有个“鲇鱼效应”，而团队中“鲇鱼”式人物的设定是很重要的。总是不断质疑，总是不断提出新思维，总是激发一种思维冲突和碰撞的人物既可以内部培养，也可以外部引进，关键是这个人的这些行为需要获得公司领导的认可和鼓励，从而带来企业内部的良性冲突氛围。

（5）在企业管理权限中，适度放权，扁平化管理，增加员工的自主意识和能力是企业保持活力的有效方式。让员工从被动管理到自我的主动管理，能够有效地提高其满意度和创新精神。现代企业面临着越来越残酷的市场竞争，而传统的金字塔管理模式的弊端越来越凸显出市场竞争的不适应性，诸如管理层级过多导致的决策反馈缓慢，管理成本过高，员工的参与热情较低等，而扁平化管理可以很好地解决上述弊端。但扁平化管理的最大缺陷是对员工的工作主动性和自我管理意识要求比较高，因此在企业进行扁平化管理时应强化对员工的自我管理能力培训，同时建立内部竞争机制，组成各个业务单元，激发内部的良性竞争氛围和适度的冲突机制，通过冲突来激发员工的工作斗志和激情。

不可否认，竞争确有负面的影响，尤其在员工素质较差时，可能会出现一种无序的恶性竞争或不良竞争，影响企业的发展。但竞争的好处是显而易见的，利大于弊，领导者还是大胆地鼓励竞争吧！只有平庸的人才害怕竞争。

当好伯乐，识别杰出员工

一个成功的管理者，首先是一个能识别杰出员工的伯乐，因为杰出的员工是企业最大的财富。

“世有伯乐，然后有千里马，千里马常有，而伯乐不常有。”这是唐朝韩愈的名篇《马说》中的名句，道尽了古往今来所有怀才不遇或者自认为怀才不遇的人的心声。

当今世界，科学技术突飞猛进，知识经济迅速发展，人才在经济社会发展中的地位和作用日益突出。“人才资源是第一资源”的科学论断日益深入人心。作为企业管理者，要想成功，就必须是一个善于识才的伯乐，千方百计为企业发现和寻求急需的人才。

有这样一个故事：1929 年，北平艺术学院院长徐悲鸿去参加一次国画展览会，展厅里许多画都没有引起他的注意，唯独一幅挂在角落里、标价仅 8 元的《虾趣》令他驻足良久。陪同参观的人员七嘴八舌地介绍作者齐白石的情况，有的说齐白石年纪大，有的说他当过木匠。但徐悲鸿认为这是难得的艺术珍品，当即要求展厅负责人将齐白石的这幅画移挂到展厅正中，与自己的《奔马图》并列在一起，并亲自将标价改成 80 元，还在说明栏上注上“徐悲鸿标价”五个字，而他自己的那幅《奔马图》才标价 70 元。此后，徐悲鸿专程拜访齐白石，请他担任艺术学院的教授。他认为齐白石是画坛千里马。在徐悲鸿的一再推举下，齐白石走出茅屋，从此蜚声画坛，成为现代国画的一代宗师。

徐悲鸿发现齐白石这样的人才，完全是根据其作品的质量，而不是根据其年龄、文凭、出身和其他因素，即所谓英雄不问出处。那么，作为企业管理者，该怎样识别人才呢?

比尔·盖茨告诉我们，“最好、最杰出”的员工身上一般都有以下十个共同特征。这十个共同特征简单明了，可操作性很强。具有这十大特征的员工一定是一名优秀的员工，公司应尽可能地提拔并重用他们。

第一，对自己所在公司的产品或服务具有好奇心，并亲自使用该产品。

第二，在与客户交流时，以极大的兴趣和传教士般的热情和执着打动客户，了解他们欣赏什么，不喜欢什么？清醒地知道公司的产品或服务有哪些不足，或哪里可以改进。

第三，了解了客户的需求后，乐于思考如何让产品或服务更贴近并帮助客户。

第四，与公司制订的长期计划保持步调一致。

第五，对于周围事物具有高度洞察力，并掌握相关的专业知识和技能。

第六，能非常灵活地利用那些有利于自己发展的机会。

第七，尽量去学习了解公司业务运作的经济原理，为什么公司的业务会这样运作？公司的业务模式是什么？如何能赢利?

第八，关注竞争对手的动态。那些随时注意整个市场动态的员工才是真正的好员工。

第九，善于动脑子分析问题，但并不局限于分析。他们知道如何寻找最佳的行动时机，做到思考与实践相结合。

第十，必须具备良好的职业道德。

当然，识别一个真正的人才是非常不易的，因为真正的人才就像“千里马”一样，一般不会显山露水，而那些“伪千里马”才会到处显示自己、吹嘘自己。那么管理者在识别千里马时如何才能做到去“伪”求“真”呢?这就需要管理者在选拔人才时避免以下几个问题：

1. 避免“首因效应”

首因效应也称为第一印象作用，或先入为主效应。人们对人对事的第一印象作用最强，持续的时间也最长，比以后得到的信息对于事物整个印象产生的作用更强。很多管理者在识别人才时，往往根据第一印象来判断其是否是人才，第一印象固然重要，但长期的出色表现才是企业所需要的。因此，管理者在识别人才时，应该全面地看人，不能顾头不顾尾，不能用最初的印象来左右对其的客观评价。

2. 避免“近因效应”

近因效应与首因效应相反，是指交往中最后一次见面给人留下的印象，这个印象在对方的脑海中也会保留很长时间。例如，多年不见的朋友或老同学，在自己脑海中的印象最深的，其实就是临别时的情景；一个人的最近表现不错，就把他原来的一些不好的表现忽略了，或是一个人最近表现不好，就把他以前的功绩给抹杀了。因此，管理者在识别人才时，不能只看他近期的表现，综合地、全面地看整个过程才是智者之举。

3. 避免“晕轮效应”

晕轮效应是指由于对人的某种品质或特点有清晰的知觉，印象较深刻、突出，从而掩盖了对这个人的其他品质或特点的现象。通俗地说，就是我们常说的“一白遮百丑”。因此，管理者在识别人才时，不能因为他的一点优点而看不到其他的缺点，这些缺点有可能影响他所从事的工作。

4. 避免“投射效应”

投射效应是一种“以己论人”的效应，就是常说的“以己之心度他人之心”。人们在日常生活中常常不自觉地把自己的心理特征归属到别人身上，认为别人也具有同样的特征，比如，自己喜欢什么东西，就认为别人也喜欢这个东西；自己讨厌什么东西，就认为别人也讨厌这个东西。可事实上，别人的观点可能与自己的观点大相径庭，我们不能强加于人。因此，管理者在识别人才时，要避免投射效应，不能只挑选和自己性格、习性相同的人委以重任，而对那些和自己性格、志趣不同的人却视而不见，这样的结果很可能造就一批投领导所好的“马屁精”，而失去那些有真才实学的人才。

5．避免“刻板效应”

刻板效应又称刻板印象，是指人们对某人或某一类人产生的一种比较固定的看法。它通常不是以直接经验或事实材料为依据，而单纯凭一时的偏见或道听途说而形成的。比如，人们通常认为北方人豪爽，南方人精明，这就是刻板印象，不一定正确。因此，管理者在识别人才时，不能因为一些固定的看法而不去深入了解他，这些固定的看法有些往往是片面的，甚至是错误的。

用活奖罚两根指挥棒

每一位管理者手中，都应有两根指挥棒：一根是奖励指挥棒；一根是惩罚指挥棒。只奖不罚，则容易造成军心懈怠；只罚不奖，则容易引起军心不稳。

因此，一流的管理者，必须要用活手中这两根指挥棒，奖罚分明，该奖的要奖，而该罚的一定要罚，绝不能因为人情而心慈手软。

《孙子兵法》有言：“主孰有道，将孰有能，天地孰得，法令孰行，兵众孰强，士卒孰练，赏罚孰明，吾以此知胜负矣。”意思就是说：哪一方的君主开明？哪一方的将帅贤能？哪一方占有天时、地利？哪一方的士卒能做到令行禁止？哪一方的武器装备精良、士卒众多？哪一方的士卒训练有素？哪一方的赏罚公正严明？我们根据上述情况，就可预知谁胜谁负了。

孙武如此强调奖罚的重要性，他不仅是如此写的，更是如此做的。

春秋战国时期，吴王读完《孙子兵法》后，就想见见孙武，看看他到底是不是一个真正有才华的人。于是吴王找来孙武，问他："你的这些兵法，是否真像你写的那么管用？这样吧，我给你180个宫女，你去按照此法把她们训练成精良的战士。"

孙武一口答应下来，立即着手训练。他把宫女们编成两队，挑了吴王最宠爱的两个妃子担任队长，让她俩持着战戟，站在队前。孙武将操练的要领和纪律都讲完了以后，就喊口令让宫女们演练。可是他刚刚一喊口令，宫女们就都嘻嘻哈哈地笑了起来。孙武说："约束不明，令不熟，这次应由将帅负责。"于是重新作了说明。然后又击鼓，发出命令。宫女们又一次哄笑起来。孙武说："纪律和动作要领已讲清楚，大家都听明白了，但仍旧不听从命令，这就是故意违反军纪。队长带头违反军纪，应按军法处置。"

于是他令人把两个担任队长的妃子抓起来，砍头以示惩戒。吴王闻听大惊失色，急忙传令，让孙武不要杀他的爱妃。可是孙武说："我既已受命为将，将在军，君命有所不受。"当即把两个妃子一同斩首。又指定另外两位妃子任队长，继续操练。当孙武再次发出口令时，所有的宫女都服从命令，而且严肃认真，举手投足都合乎要求。于是孙武就向吴王报告，这两队宫女士兵已训练完毕，完全达到战时可用的标准。可是吴王对于两个爱妃惨死刀下的事情还耿耿于怀，对孙武也爱答不理，十分冷淡。

这时，孙武诚恳地对吴王说："令行禁止、赏罚分明，这是兵家常法，为将治军的通则；用众以威，责吏从严，只有三军遵纪守法，听从号令，才能克敌制胜。”这一番话，讲明了奖罚的重要性，说得吴王心服口服，不但怒气随之消失了，还诚心诚意地拜孙武为将军。后来，吴国军队在孙武的严格训练下，纪律严明，战斗力很强，使吴国在当时威名远扬。

这个年代久远的故事，一直到今天，都让我们深受启示。在训练前，孙武就讲明了纪律，这一点今天的大多数管理者很容易做到。但不容易的是，在执行的过程中，一旦碰到人情，就跨不过去，大多睁一只眼闭一只眼草草了事。而孙武却严格地按照纪律执行，丝毫不讲情面，也正因为这样，才能让所有的人都听令而行。不论是军队还是企业，要想健康、正常地运转，不但要有严格的奖罚制度，而且还要有能够严肃执行奖罚制度的管理者。这样做有两个好处：

1. 让下级有制度可依

明确的奖罚制度起着红绿灯的作用，可以有效地约束团队。管理者让团队成员知道绿灯的地方可以行走、快走，出色的人可以得到奖励，从而调动他们工作的积极性；而红灯的地方则不能走、不可碰，谁跨入了禁区，谁就要受到惩罚。

2. 树立自己的威信

管理者严格地按照制度进行奖罚，不仅会让团队成员更快地成长，而且无形中树立了自己的威信，让成员心服口服。否则，对于该奖赏的团队成员视而不见，该惩罚的团队成员因为讲人情而放弃惩罚，那么即使墙上贴着明确的制度，也只是废纸一张，起不到任何作用。不仅如此，还会降低管理者在团队中的威信，出现团队成员不服从管理的情况。当然，作为团队领头羊的管理者，必须以身作则，为大家树立良好的榜样。只有如此，方能站在指挥台上使所有的人团结一致，共同为组织的发展而奋斗。

本章小结： 领导者如果只是强调重视人才，而不能做到善用人才，损失最大的其实并不是人才个人，而是企业。因为个人如果不受重用，无法施展才华，完全可以退出，以求“独善其身”，利用企业的一切便利条件来充实自己，积累学识和经验，时刻准备着另谋高就。而企业却不然，花费高昂人力资源成本不说，还需要付出金钱无法衡量的隐性管理成本，结果却不能人尽其才，整个过程花费了大量财力、物力，到头来为别人培养塑造了人才，自己只不过为别人做了嫁衣。那么，育人就更无从谈起。

第六章　育人
——不教而战是为杀

奖优罚劣，双管齐下

无论是国法或家规，重要的是必须赏罚分明。一个军队赏罚分明，可以提升军队的士气；一个公司赏罚分明，可以提升公司的业绩。如果赏罚不明，大众必定不服气，所以“功、过”一定要给予适当的奖赏处分，赏罚一分明，制度就容易建立。

作为公司的老板，如果想让你的员工愿意为你工作，不采取一定的措施，他们是不会自愿服从的。他们需要奖励、认可、舒适的工作环境等，但这些都只是传统的激励工作。

我们的时代已经发生了巨大的变化。人们的工作稳定性降低，安全感下降，知识型员工不断增加，这些变化都需要领导者采取新的激励工具。我们需要围绕人们珍视的东西展开，以帮助他们建立自己的未来并获取目前的贡献成果。

亚伯拉罕·马斯洛是美国著名的心理学家和行为科学家，他认为，在千差万别的人类需要的表现形态中，存在着某些共同的需要，从而创立了“马斯洛需求理论”。这种理论认为，人类有五种基本需求：生理的、安全的、情感的、尊重的和自我实现的需求。这五种需求相互联系，并按其“从低到高”排列成一个等级系列，前三种是较为低级的。而其中渴望被人尊重是指“要求名誉和威望，可看成别人对自己的尊重、赏识、关心或高度评价。”自尊需求的满足使人产生一种自信的感觉，觉得自己在这个世界上有价值、有实力、有能力、有用处。由此可见，荣誉心便是激励员工奋进的一个重要手段，而适当的奖罚在一定程度上讲，会唤起员工的荣誉心。

《孙子兵法》开篇就讲：“主孰有道？将孰有能？天地孰得？法令孰行？兵众孰强？士卒孰练？赏罚孰明？吾以此知胜负矣。”其中，就着重提到“赏罚是否分明”是一支军队是否有战斗力的重要因素。正所谓军令如山，军中无戏言，历来治军严谨的将领都是非常强调奖赏与处罚的。

该如何赏？“天下熙熙，皆为利来，天下攘攘，皆为利往。”奖励，一定要有物质的奖励，大多数人是喜欢物质的奖励的。重赏之下，必有勇夫嘛。但是奖励的作用不仅仅局限于物质层面，精神的奖励更重要。现代心理学研究表明，当人们意识到自己的行为受到他人重视，自己的行为被认为有特殊的重大意义时，人的主观能动性便能够充分被激发，潜在的能量将够得到淋漓尽致地发挥和运用。“士为知己者死”，“赴汤蹈火，在所不辞”皆是很好的例证。

人的心理特征具有某种共通性：与没有一个人不喜欢奖赏一样，也没有一个人是喜欢受罚的。应该说，几乎所有的人都怕被惩罚，更不用说是重罚了。军队里重罚的意义已经不是对事件本身的处理了，而是对其他人乃至全军的告诫。在特殊的情况下，惩罚与平时甚至有很大的不同。比如说，在别的地方开小差，也就是一顿臭骂，在战场的最前线，如果临阵脱逃，可能就是就地正法了，根本不可能跟他讲道理，晓以利害。这是形势所逼。重罚的结果不但要使当事人再也不敢犯这样的错误，更要使其他人不敢效仿。用杀鸡儆猴来描述，是再准确不过了。

有人以为公司管理与治军不太一样，没有必要把这一套搬过来，那是他不通晓人的本质。人性的弱点是普遍存在的。士兵如此，员工也是如此。只是具体操作的时候，在尺度的把握上可以灵活地掌握。尤其是在重罚时，因为我们的对象是员工，所以，我们还必须“治病救人”，不能把犯错误的员工一棍子打死，要给他机会，让他翻身。但是，还是一定要罚的。

国有国法，家有家规。无论是国法或家规，重要的是必须赏罚分明。如果赏罚不明，大众必定不服气，所以“功、过”一定要给予适当的奖赏处分，赏罚一分明，制度就容易建立。关于赏罚分明要注意以下三个方面：

1. 有过必有罚

一个团体必须讲究纪律，不能因这个人平时对我好或者是亲朋好友，有过就不惩罚，如此很容易引起别人的不满。西蜀孔明北伐时，因马谡不听他的调动，擅自做主，因此败北丢失街亭。虽然马谡才气过人，得到诸葛亮的器重，但为了严肃军纪，诸葛亮还是忍痛挥泪斩马谡，并上表请求自贬三等，承担失败之责，从此蜀军上下，再也不敢违命。所以有过必罚，不能优柔寡断，感情用事，这样上下才能团结一致。

2. 有功必有赏

部属有功劳而不奖赏，便会产生不服气的心理，以后就不肯立功，甚至造成上下离心离德，难以领导。《说苑》言：“有功者不赏，有罪者不罚；多党者进，少党者退；是以群臣比周而蔽贤，百吏群党而多奸；忠臣以诽死于无罪，邪臣以誉赏于无功。其国见于危亡。”所以有功必赏，可以激励员工的工作态度，也能融洽上下关系，让部属“鞠躬尽瘁，死而后已”。

3. 双管齐下

赏与罚双管齐下，并且两手都要硬。下属取得成绩，及时给予肯定，不吝啬表扬；下属犯了错误，给予指正，并先检讨自己是否教会了下属正确的工作方法。“罚”的目的在于“惩前毖后，治病救人”。这里有一个小故事值得借鉴。

有一天，工厂男浴室屋顶灯泡坏了，浴室里一片漆黑，工人吵吵嚷嚷。领班通知电工去换，但谁也不去，领班说："谁去换灯泡，给100元。"一会儿浴室顶上七个灯泡全换好了。厂长说道："这笔钱从集体奖金中扣。"不但如此，还规定以后公共场所灯泡坏了，若电工们不去换而别人去换，则换一个灯泡就拿奖金，且一律从电工组奖金里扣。这一招真灵，从此，走廊、厕所、浴室总是亮堂堂的，再没发生过黑灯瞎火的事情。

由此可见，赏罚分明，双管齐下对员工的心理震慑力是何等的强大。当然，赏罚分明固然重要，但也要讲求公平，否则会引起员工的抵触心理。生命有两个最基本的范畴：尊重与公正。这也是作为个体的人最需要的两样东西。员工也不例外。尊重自不待言。因为人要过社会性的生活，其生活的美好程度最终有赖于社会制度和社会各方面条件是否有益于人的生活和生长，此时，公正的社会秩序便成为每一个人的追求，公正也成为每一个社会人发自内心的需要。事实上，我们在员工中作调查，他心目中的好管理者应该是什么样的？无论你在哪里作调查，公正这个品质大抵是逃不脱的。

总之，在下属的心目中，领导的责任通常与领导的权力是等同的。赏与罚必须善加运用，并且要公平。这样才能获得部属的信赖和支持，才能发挥团队的力量去促进企业的发展。

用精细化作风影响人

实施精细化管理是企业科学发展的要求，也是提升管理水平的必然选择，对精细化管理提出以下几点认识。

1. 转变观念是推进精细化管理的核心所在

观念是我们对事物的认识，不同时期，不同阶段应有不同认知事物的观念，但是，由于传统思维定式，转变观念是一个写在纸上容易，说在嘴上容易但做起来非常难的事，改变已经长期形成的固定思维模式是困难和痛苦的抉择，所以转变观念是实施精细化管理的核心所在。

首先，领导干部观念的转变是推进精细化管理的必要前提。精细化管理就是要以精益求精的科学态度，严谨务实的工作作风，认真负责的工作责任心去做好我们的每一项工作。要实现这一目标，集团高管及管理者就必须首先从思想认识上完全转变对企业管理的传统思维模式，建立起适应市场经济发展，适应科学发展新形势需要的现代化管理理念。

在贯彻精细化管理的理念中，领导干部是带头人，他们既是推进精细化管理的策划者，又是落实精细化管理的执行者和实施者。从策划的角度而言，超前的管理意识和科学的管理理念需要有先进思想和科学水平的支撑，先进思想和科学创新可以引导人们与时俱进；从执行和实施的角度而言，要改变以往传统的随意化、经验型、粗放式管理模式和观念，就必须完善制度，强化管理，以提升执行力来保证精细化管理的实施效果，关键在于落实和效果。

因此，在推进精细化管理的进程中，各级领导尤其是主要领导思想观念转变得快与慢、深与浅、是与否，不仅影响广大员工观念意识的转变和行为职责的运作，而且在很大程度上制约着精细化管理的成败结果和顺利推进。

其次，全体员工观念的转变是推进精细化管理的内在动力。在解决了领导干部观念转变的前提和基础上，全体员工观念转变则必然是我们落实精细化管理的真正动力。集团的各项管理是通过职能部门和全体员工去实施和运作的，因此，每一位员工既是精细化管理的对象、载体和参与者，同时也是精细化管理的主体和实施者。

精细化管理是一个全员参与的过程，也是全过程和全面的精细，只有每一个人都参与到精细化管理之中，精细化管理才能落到实处，才能发挥出成效。怎样让我们企业的每一位员工自觉地参与到精细化管理的实践中来，最大限度地发挥自己的潜力，成为企业竞争力的一个有机组成部分，关键是要用精细的理念引导员工实现观念的自觉转变。

因此，在推动精细化管理的进程中，必须要求和引导广大员工创新观念，摒弃因循守旧、墨守成规的老框框、旧观念，把精细化的先进管理方式方法引入我们日常管理的工作程序中，用精细化的工作理念规范我们的行为，以精细化推动企业的整体管理水平，以精细化提升全体员工的整体素质。要通过实施精细化管理为载体、为平台，使全体员工的思想观念在创新与守旧，自满与自强的碰撞中得到一次质的升华，引导员工从企业长足发展之事，规划企业与员工共同发展之愿景，带领员工树拼搏进取之心，努力提升全体员工综合整体素质，强化全体员工的创新能力、应变能力和竞争能力，使广大员工成为企业推进精细化管理的内在动力。

2. 创新观念是推进精细化管理的必然途径

精者，去粗也，不断提炼，不断总结，精心筛选，从而找到解决问题的准方案；细者，入微也，穷其根由，由粗及细，由表及里，从而找到事物内在的联系和规律。由此可见，“细”是精细化的必要过程，“精”是精细化的自然结果，然而要把精细化纳入企业管理过程的实践中并加以推进，观念的创新则是其必然之途径。因为精细化管理是以持续的自我改进为特征的，要自我改进就必须转变观念，不断创新，创新是管理的永恒主题，只有不断地更新观念，才能不断地创新工作思路并在创新中不断地否定自我，不断地取得进步。观念的转变只能应对当前，观念的创新才能把握未来。

随着企业规划发展的远景目标制订，内部体制改革的深入，企业内部各成员单位的竞争不断加剧，这种竞争不仅体现在安全绿色生产、赢利能力、质量管理上，更重要的是体现在企业内部的管理水平上。要适应这种竞争并在竞争中立于不败之地，就必须在转变观念的同时创新观念，要明确先进的思想观念也是生产力要素，先进的思想观念也可以推动生产力发展，也可以促进企业管理上台阶的辩证关系；要教育和引导广大管理者、员工树立居安思危，不进则退的竞争意识，使企业的每一个员工都成为一个权力和责任的统一体，让每一个员工从思想上认识到自己所从事的工作不再仅仅是对自己的领导负责，更是对企业的生存和发展负责。

3. 关注细节，精准要求是提高效益的必然措施和选择

“天下大事，必作于细，天下难事，必成于精”。天下的难事都是从精准要求做起，天下的大事都是从小事开始，把每一件简单的事做好就是不简单；把每一件平凡的事做好就是不平凡。在目前激烈的市场竞争中效益的好坏，在很大程度上由细节决定。大量资源的投入之后，往往只能赚取微薄的利润，而任何一个细节的失误，任何一项工序的不精确，就可能将这点利润完全吞噬掉。其实在现实中，细节同样以各种方式影响我们的工作质量。对于工作的细节和精准，我们没有理由不去重视。

局部细微的弱点都将导致全局的崩溃，所以管理工作要体现追求利润最大化这一企业本身特质，就必须注重细节，精益求精。芸芸众生能做大事的实在太少，多数人的多数情况只能做一些具体的事、琐碎的事、单调的事，也许过于平淡，也许鸡毛蒜皮，但这就是工作，是成就大事的不可缺少的基础。

由此，我们应该按照精心、精细、精品的要求去做我们的各项管理工作，我们需要改变心浮气躁、浅尝辄止、半途而废的毛病，提倡凡事都应精细化，把小事做细、做精、做实。通过精细化管理增值出效，必须建立精细化的运作机制，完善精细化的管理制度，实施精细化的职能管理。树立精心安排、

精确决定、精明管理、精打细算、细化目标、细分责任、细致工作、关注细节的观念。倡导宏观正确、责任明确、措施准确、细节精确的工作作风，精耕细作，做足精细，为我们的品牌和效益提升而努力。

用宽容之心影响人

掌权也是一种有效的工作艺术，体现在管理者的日常工作的方方面面。管理者虽然掌握着一定的权力，但权力并不是利剑，而是激发器。凡是把权力当成利剑，动不动就想试一下这把剑的厉害的管理者，其结果是吓住了一两个人，却镇不住一大片。因此，智慧型的管理者会通过自己率先垂范的工作、大局为重的气度、宽厚容人的魅力来彰显自己非凡的驾驭能力，来赢得他人的尊敬和钦佩，形成同心谋事、同舟共济的工作局面。

俗话说：宰相肚里能撑船。人们常常用宽容来称赞某些领导的领导风格和人格魅力。当然，领导的宽容绝非不明是非、不讲原则，而是襟怀坦荡、与人为善、以大局为重的气度和美德。管理者开展工作如果喜欢摆架子，遇到不顺心的事就训人骂人，听到不同意见和观点就怒形于色，不能容忍，以自己的权力来压制他人，必然会失去人心，失去他人支持。所以，管理者首要掌握的就是宽容之心。要知道：想要有效掌权，完全依靠权力的因素是行不通的，这有点“功夫在诗外”的味道。

有这样一个故事：

西汉时有一位将军叫韩安国，曾经获罪下狱，经常遭蒙县的监狱看守田甲羞辱。韩安国就对田甲说：“死灰独不复燃乎？”意思是说：“事情不要做太绝了，死灰难道就不会复燃吗？”田甲自恃为监狱领导，掌管犯人生死，直截了当地回答说：“燃即尿之。”意思是说：“真要复燃了，我一泡尿就灭了你！”

没想到几天之后，皇恩有加，韩安国不仅被赦免，而且还升了官。这下田甲可慌了，连夜跑掉了。韩安国当时下令，要田甲到他这里做官，不来的话就诛他九族。实在没办法，田甲只好硬着头皮去见韩安国。见面之后，韩安国并没有治罪于田甲，而是笑着说：“你的才能足以在我的手下为官了。”便对他重用。田甲感恩戴德。

这就是宽容的魅力。现代的管理者，身处上级与下级的夹层之中，难免遇到下属冲撞自己、对自己不敬的时候，这时学学韩安国，以宽容之心对待对方，给下属一条出路，既体现了自己的仁厚，更展现了自己作为领导的睿智；既不失领导的尊严，又保全了下属的面子。以后，上下相处也不会尴尬，你的下属则更会为你效犬马之劳。如果不能做到这一点，你如何能让下属对你心服？没人服你，你的权力也就成了空头支票。

宽容不仅是管理者的一种掌权艺术，同时也是一种工作方法。管理者推动工作有不同形式、不同风格，但能够宽容却体现了独特的人格魅力。一名领导的水平和威望如何，取决于他的品德和作风，知识和能力。在工作中既能容人之短，又能容人之长的管理者，更容易得到拥护和爱戴。容人之短不易，容人之长更难。作为管理者，要以博大的胸襟宽以待人。具有识才的慧眼、用才的气魄、爱才的感情，才能聆听到他人真实的想法，在真诚沟通中增进感情，形成良策，在平常的交流之中调动他人积极性，发挥他人聪明才智，让自己和上级领导的意志变成下属的自觉行动，共同挑起重担完成任务。

优秀管理者的修养、气质和风度不是孤立的。宽容中更见理智，更具有亲和力、凝聚力，它化解了矛盾，安抚了人心，使自己能保持清醒的头脑。宽容如同春风化雨，它不以权力树威信，而以气度和胸怀赢人心，使管理者的工作效率和效能得到最大的体现。这不仅是工作顺利开展的重要保证，而且有助于解除下属的后顾之忧，并最大限度地发挥他们的聪明才智。

循序渐进，因材施教

管理者要与性格各异的员工打交道，有人张狂有人低调，有属虎的有属猴的，管理者要想把这些人充分调动起来，就要对不同的员工采取不同的管理手段，这样才能充分驾驭员工。

在管理上来讲，针对不同的员工要有不同的方法，要因材施教，因人而异，不能一刀切，这样才能最大限度地发挥员工的才能，也是留住人才的一个重要方法，同时这也是管理者“管人”的重要手段。

刘备曾对张飞说过“兄弟如手足，女人如衣服”，其实不是在说女人的问题，而是一个高超的“管人”方法，张飞虽然作风粗猛，但是重义气，刘备对他说出这样重视兄弟情义的话，怎能不让他死命相随？

刘备一心想找一个能为他出谋划策的人才，因此在他得知有诸葛亮这样的人物时，三顾茅庐。诸葛亮可不是一个轻易可以请动的人物，对于这样的人才，刘备作出了最低的姿态。

刘备第一次去请诸葛亮，还备了份厚礼，带着关羽、张飞，兴冲冲找到了卧龙岗，但是诸葛亮却不在，刘备扑了个空，十分惆怅。回去后，刘备又命人打听，过了几天，打听的人说诸葛亮回来了，刘备赶忙又带关、张两人去了，没想到弄错了，诸葛亮仍旧不在家，关、张两人很生气，都劝刘备别再来了。但是，刘备却更加执着了。过了一些日子后，刘备挑了一个吉日，第三次去请诸葛亮，关羽、张飞又是一顿埋怨，刘备说：求大才，要心诚，多跑几次是应该的。幸运的是，这次诸葛亮在家，刘备恳请诸葛亮出山相助，并请诸葛亮指点迷津。

诸葛亮便侃侃而谈，向刘备陈说了三分天下之计。诸葛亮的话可说到刘备心坎里了，刘备立刻再三恳求诸葛亮出山，又是哭，又是跪求，在匡扶大汉的名义下，请诸葛亮帮他建立基业，光复汉室。可以说刘备的话正说中了诸葛亮的理想，并且态度如此诚恳，诸葛亮焉有不出山的道理？

作为管理者，对不同的员工，要采取不同的手段。诸葛亮讲天下大义，有匡扶天下的理想，又有隐士的高风，若要请动他，就要用这些说服他，刘备正是看中了这一点，三顾茅庐，既给了诸葛亮面子，说话又深得诸葛亮之心，最终得到三分之一的天下。

作为管理者，首先要了解自己的下属有什么样的特征。比如“80后”，他们的确有许多独特的地方，例如比较重视自我，有自己的信仰。在公司里，他们一开始对“自己的空间”重视程度多过“发展空间”；比较注重自己的情绪和快乐；不愿意承担太多责任和压力；不做遥远的规划；自认为很独立，然而很多方面很依赖；碰到问题，第一个反应就是“归罪于外”。尽管如此，他们大多反应快、创新能力强、不盲从；容易适应新的发展和变化，受到重视的时候能做出出人意料的成绩；他们看起来不盲从，但在情绪上却是最容易互相感染的一代，往往你在公开场合激励了一个人，就等同于激励了一个群体。

林子大了什么鸟都有。管理者往往会碰到一些喜欢虚夸的员工，通常一开始这些员工能给人留下不错的印象，让管理者认为他们富有积极性，并且有发展前途，但是这种人很快就会坚持不住，他们为了突出自己的工作成绩，通常汇报工作时，总是拣好听的方面说，而坏的方面则隐瞒不说。这样他们职位可以得到提升，然而实际上，时间一长，这样的下属只会给工作留下后患。

作为管理者，一定要警惕这种好卖弄的下属，特别是对于那些很重要的工作，一定要多方面了解，不要轻信一个人。否则很容易受到蒙蔽，不利于工作的进展。

很多管理者常听到这样的话："我以前在另一家公司，他们答应……而且他们也做到了""我有点失望，经理似乎并不看重……"面对这样的情况，许多领导都觉得束手无策。事实上，对这样的下属，如果他确实很有能力，而且他提的要求也有可能做到，领导就不如满足了他。如果他提出的要求在你的能力范围之外，你就应该把情况如实告诉他，把选择权留给下属，让他选择离开或是留下。这样的情况，下属都会理解，并从中感受到你的诚意，从而不会有离开的念头。但倘若那些是能力不高的人，并且他提出的要求也有点过分，那么你就可以毫不犹豫地拒绝。

一些下属喜欢报喜不报忧，有的人在向上级汇报工作时，极力渲染好的方面，对问题和缺点则轻描淡写，层层截留，欺上瞒下。对于这样的下属，管理者可以遵循这样的原则，那就是员工和下属在报告工作时，要求其必须实事求是，不夸大成绩，不缩小缺点。只有坚持这个原则，管理者才会了解到真实的情况；也只有坚持这个原则的员工，才是诚实可靠、值得管理者信赖的员工。

在工作过程中，管理者要与性格各异的员工打交道，有人张狂有人低调，管理者要想把这些人充分调动起来，让他们"听话"，就要因人而异。只有这样，管理者才能驾驭员工，让员工心甘情愿地按照自己的意志行事。

有效授权，委以重任

该让员工做的工作就让员工去做，这是领导本来应有的态度。尽管最终可能会出现某些差错，或许会多少引起一些工作效率的下降，也要坚持这样做下去。其实，领导本身也是那样锻炼过来的，为了提高工作能力，就必须将小权分散，下决心作出牺牲，付出一定的代价，使员工得到锻炼和提高。

无论在哪一家公司里都有那么一两个领导者，他们的一切工作总是要由自己亲自去做，好像不自己做就不放心。话虽然这样说，但也不是完全不给员工分配工作，事实上只分配给员工单纯性的作业，而不分配给判断性的作业。

为什么不让员工进行判断性的工作呢？他们对这一问题的看法大概是这样的：假如把判断性的作业分配给员工去做，出错该怎么办呢？结果还是必须由自己承担这种错误，这样一来，不是很费事吗？如果这样，从一开始就由自己去做，不是更保险一些、工作效率也可以提高吗？

这种说法好像也有一些道理，但站在最高负责人或员工的立场上，会怎样看待他们呢？在上级的心中必定有自己的见解，“本来打算进一步提升他，可是他太不像话了。不可否认他对现任工作很熟练，可是他的工作方法有问题，好像自己不在场别人就无法工作似的，太骄傲自满了！培养员工，尤其是培养能够交班的员工是一件大事情。从长远来看，要提高效率就得培养员工，对于这一点他好像丝毫不懂似的。看来不能再让他这样下去了，一定要把他换下去，不然他的员工都将成为只会听命而不会思考的人了！”

另外，员工怎么想呢？相信很容易就能听到这样的声音：“大概领导认为我们都是无能之辈，只能从事一些简单的工作吧！不，领导可能也不懂，或者不耐烦顾及我们？也可能他认为如果我们成为比他能力还高的人，他就会感到处境困难吧！”

也许有人认为员工没有必要说这些话，可是能听到这样的议论还算好的，等到逐渐习惯了，员工就会相信领导不过是那么一种人，或者认为“听领导的吧！责任完全由领导来负，这样工作我们也比较轻松”。如果到了这种程度，那公司里的工作氛围就将毫无朝气可言。这时，即使领导者认识到自己的过错，也为时已晚。因为对于领导来说，他已经完全失去了员工的信任。

一切工作完全由自己来做的领导，无论是最高负责人还是员工都是不受欢迎的。下属如果没有领导者指示、支援，就不知如何去做，那就永远不能独当一面，不能承担大任，必须想办法让他做更大的事情。让下属独立作业，如同父亲让儿子另立门户一般，并未因此冷淡关系，或是切断彼此情谊。

但是要注意的一点是，让下属独立作业并不表示放任下属，这完全是两个不同的概念。我们在日常工作中常常看到许多领导公然表示让下属独立作业，但事实上却是在放任下属，或是强行交付工作，或是交付工作后就置之不理。如果业务真的顺利进展的话，则领导者必然以居功者的姿态表示“此乃本人指导的结果”，同时夸口：“管理的秘诀是什么都不要做！”或者是“只有与下属划清界限，方可成为推动下属独立作业的领导者。”

这完全是不负责任的说法与做法。让下属独立作业的实际做法应该是以尊重下属的人格为基础，不过于保护下属，渐渐消除下属的依赖心、自卑感，并且正确交付下属工作，培育下属为后继者等。具体阐述如下：

1. 培养下属的独立性

下属如果不能独立作业，没有领导者指示、支援就不知如何去做，如此一来，下属将永远无法成为一个独立个体。此种情况一旦持续，战斗力增强无望，人才无法活用。公司陷入人才需求困难之中，唯有以高昂费用向外招揽人才。此并非下属能力上有弱点，而是负责培育工作的领导者没有尽职带来的恶果。

为了预防此种事态，领导者必须适当地让下属独立作业，培育下属的独立心。即：

（1）信赖下属。

（2）适当授权下属。

（3）促使下属以自己的头脑思考工作。

（4）让下属以自己的力量完成工作。

（5）非必要情况下不支援下属。

凭借培养下属的自信心、积极精神、耐力、克制力等正面因素以取代下属的依赖心、消极、挫折感等负面因素。

2. 培植继任者

在报刊中对于企业的继承人问题相当关切，并经常有相关的报道，为使企业永远保持辉煌业绩，这确实是一个特别需要关注的问题。

至于领导者的继承人，由于地位并不太高，对企业整体影响力较弱，一般易被忽视。事实上从另一个角度来看，在人才培育与提升企业战斗力上，培育领导者的继承人与经营者的继承人同样重要。

继承人的直接培育者当然是领导者本人。但是一般领导者在培植继承人的工作上多半持消极态度。因为论资排辈等思想依然存在于企业之中，且领导者并没有意识到自己继承人的合适与否会对企业产生很大的影响。这种消极态度必须从领导者心中消除。

为了培植继承人，必须采取以下具体措施：

（1）培植下属实力。

（2）让下属正确了解管理的意义。

（3）让下属习惯代理领导者的业务。

（4）促使下属搞好人际关系。

（5）培育下属责任感、使命感。

千万要避免以年龄、服务年资等来决定继承人员，如果不能培植让全体人员认可的继承人，则是在培育上的一大失策。

总之，在公司中要贯行大权独揽、小权分散的政策，培养员工独立工作的能力。另外，实施有效的人才培养机制也是必不可少的。

明细分工，高效协同

虽然世界500强企业中有80%以上都有超过半数的员工在各种各样的团队中工作，但并非每个团队都成功优秀，相反，许多团队都经历过无可挽回的失败。由于团队成员之间的高度依赖以及利益共享，任何一个团队成员都面临着是否合作的困境：一方面，如果自己不合作，而其他成员皆努力付出，那么自己就能坐享团队的成果。但是反过来，如果所有团队成员都作此想，那么该团队将一事无成，结果每个人都受到惩罚；从另一方面来说，如果自己全心投入，而其他成员皆心不在焉，懒散懈怠，那么到时由于自己的努力为团队取得的成果就会被其他成员所瓜分。因此在团队情形中，个人难免总是在两端徘徊，套用哈姆雷特的话："合作还是不合作，或者合作多少，这是一个值得深思的问题。"

笔者曾经做过有关中国企业中团队建设的调研，研究结果表明，虽然将近95%的被调查者都有过团队工作的经验，但87%的人坦承自己曾经工作过的团队相当糟糕。

究其原因，不外乎以下五条：其一，领导不力；其二，团队成员之间缺乏信任；其三，目标不明确；其四，责任分工混乱；其五，沟通不畅。

仔细分析，这五条原因中有四条与领导有关。因此，从这次调查的结果看，团队领导的领导能力高低对团队的成功与否起了决定性的作用。

那么，团队领导究竟应该如何做才能诱导队员合作，从而打造出高效卓越的团队呢？下面我用案例的形式来介绍当今世界上使用团队最成功的几个公司，通过讨论他们组建团队的经验，来看看对我们有何启发。

1. 分工明确的微软

微软是以创造团队文化闻名的公司。以项目小组的形式来开发电脑软件是由微软首创的。微软的产品是电脑软件，专业性很强，需要知识积累和不断创新，并要求不能出错。在这种情况下，公司需要的文化并非一团和气的温暖，而是平等又充满争论的团队文化，在思想的交锋中产生创新的火花，在不同视角的争辩中创造最独特完美的产品，这是合作精神在微软产品项目小组中的体现。团队合作的内容和意义在不同的组织环境中各不相同，并非千篇一律。

那么，微软的这种独特的团队合作文化又是如何创建的呢？这里我想强调一下公司创立者在建立企业文化中的重要作用。大家都知道比尔·盖茨从小就是个电脑迷，而且很小就有用电脑知识赚钱的意识。上中学时，他就整天待在电脑前，而且还为学校的一个项目编程赚钱。他对电脑的狂热和痴迷使他只追求知识和真理，而对权威毫无敬畏之心。他在从哈佛辍学去新墨西哥州的一家电脑公司工作的时候，公司里没有一个人敢与公司的技术老板顶嘴，但只有最年轻的比尔敢。他与保罗·艾伦创办微软之后，思想的争论，敢于向他人的思想挑战的风气就被鼓励并发扬光大，他甚至要求向他汇报工作的人以及所有项目小组都遵循“敢提不同意见”的原则。项目小组有名的“三足鼎立”结构也就这样建立起来：软件设计员、编程员、测试员，三种人员互相给彼此挑刺，刺挑得越多，最后的产品就可能越完善。而项目小组的成员大家都平等，组长也没有特别的权利，主要担任沟通协调的角色，解决任务冲突、人员冲突、时间冲突，使大家愉快配合，按时将产品完成。这样独特的团队合作能够实现，与公司的几个重大环节的把握有十分密切的关系。首先是公司文化的创立（如前所述），其次是人员招聘的把关。微软招人的时候用的测试题全是智力和创意测试，已经成为目前 IT 行业招聘的经典。也就是说，微软招的人身上都有些许比尔·盖茨自己的影子：对电脑技术的沉迷热情，懂得思维的乐趣，同时又率真而无视权威。再次则是分工的极其明确和流程设计的周密。每一个团队成员都十分清楚自己的职责，自己的工作在整体中的位置和顺序以及时间进度。由于分工明确，而且每个人都无法被他人替代，因此彼此都互相尊重，同时敢于提出自己的不同见解。最后则是大家都有明确的共同目标：让产品按时并高质量地完成。

2. 鼓励合作的星巴克咖啡

星巴克咖啡自 1987 年西雅图的一家街头小咖啡馆开始，发展到今天遍布全世界 34 个国家和地区的 8300 家咖啡店，除了它在打造其品牌上的独到策略之外，团队建设便是它维持其品牌质量的至关重要的手段，也是该公司不可替代的竞争力所在。

以商店为单位组成团队，星巴克倡导的是平等快乐工作的团队文化（内部）。星巴克对自己的定位是“第三去处”，即家与工作场所之间的栖息之地，因此让顾客感到放松舒适、满意快乐是公司的愿景之一。

与大多数企业不同，星巴克从不强调 ROI（Return for Investment），即投资回报，却强调 ROH（Return for Happiness），即快乐回报。他们的逻辑是：只有顾客开心了，才会成为回头客；只有员工开心了，才能让顾客成为回头客。而当二者都开心了，公司也就成长了，持股者也会开心。而团队文化则是他们获得 ROH 的最重要手段。那么，星巴克是如何创造这种平等快乐工作的团队合作文化的呢？

首先，领导者将自己视为普通一员。虽然他们从事计划、安排、管理的工作，但他们并不认为自己与众不同，应该享受特殊的权利，不做普通员工做的工作。比方说，该公司的国际部主任，就是去国外的星巴克巡视的时候，也会与店员一起上班，做咖啡，清洗杯碗，打扫店铺甚至洗手间，完全没有架子。

其次，每个员工在工作上都有较明确的分工，比如有的专门负责接受顾客的点菜、收款，有的主管咖啡的制作，有的专门管理内部库存，等等，但每个人对店里所有工种所要求的技能都受过培训，因此在分工负责的同时，又有很强的不分家的概念。也就是说，当一个咖啡制作员忙不过来的时候，其他人如果自己分管的工作不算太忙，会去主动帮忙缓解紧张，完全没有“莫管他人瓦上霜”的态度。这种既分工又不分家的团队文化当然并不是一蹴而就的，而是有针对性地强化训练的结果。

最后，鼓励合作，奖励合作，培训合作行为。所有在星巴克工作的员工，无论你来自哪个国家，在商店开张之前，都要集体到西雅图（星巴克总部）接受三个月的培训。学习研磨制作咖啡的技巧当然用不着三个月，培训大部分的时间主要用于磨合员工，让员工接受并实践平等快乐的团队工作文化。由于各个国家之间的民族文化差异，有的时候在实施之中会遇到很大的阻碍。比如日本、韩国的文化讲求等级，很难打破等级让大家平等相待。最简单的例子就是彼此之间直呼其名，因为习惯了加上头衔的称呼，不加头衔称呼对方对上下两级都是一种挑战。为了实践平等的公司文化，同时又尊重当地的民族文化习惯，结果就想出用给每个员工起一个英文名字的方式来解决这个矛盾。另外，公司还设计了各种各样有趣的小礼品用来及时奖励员工的主动合作行为，让每个人都时时体会到合作是公司文化的核心，是受到公司管理层高度认可和重视的。

3. 高度融合的宜家家居

与微软的团队特征截然不同，但亦十分成功的另外一个公司是 IKEA（宜家家居）。宜家家居是世界上品牌知名度最高的公司之一，而它所创建的团队文化更是独具特色，为他人称道，也是它成功的关键所在。该公司的团队以家具的品类来分，一个团队共同负责同一家具部的工作（比如办公家具、厨房用品、地毯部、沙发部）。宜家家居是瑞典的公司，公司文化在很大程度上折射出瑞典的民族文化：平等、低调、朴实、现代。宜家的低调平民文化不仅反映在其家具的价格上（但质量和风格则可靠、现代），而且表现在其公司上层领导的个人风格上。宜家的创始人据说是世界首富（财产超过比尔·盖茨），但他从不张扬，而且穿着朴素，生活简单。据说喝完饮料，一次性使用的塑料杯也舍不得扔掉。宜家的招牌广告语是："你不必富有，只需机灵"（You don't have to be rich，just smart）。它创造的团队文化也具有类似特征。而且最有意思的是，为了鼓励团队成员间的高度融合和协作，公司并不给每个员工明确的岗位说明，相反，他们要求团队成员自己商榷讨论决定谁负责什么，整个团队该如何运作最为有效等，然后如此执行。团队的领导人也没有特殊的头衔，与他人平等，主要起协调沟通的作用，理顺团队并让每个人都能充满乐趣地工作。

这样的平等模糊团队文化开始在美国的宜家家居实行时遇到了相当大的障碍，因为美国文化虽然讲求平等，但平等的程度没有瑞典文化来得彻底和广泛。另外，美国文化讲求精确，岗位也好，职责也好，都需要有明确定义，一旦含糊，便不知所措。所以，一开始员工的离职率很高。但公司认为，这是宜家的核心文化的重要部分，就坚持了下来。在此过程中，当地的应聘者慢慢也熟悉了宜家的文化，认同的人才被聘任，整个运作就变得越来越顺利。

因为宜家只是一个家居用品店，每个人的工作内容都不复杂，每个人都能胜任他人的工作，没有人是不可取代的（与微软的团队不同），所以团队的管理关键在于队员之间的互相磨合和默契，在于创造积极向上的、彼此信任和喜欢的团队气氛。这样在任何人忙不过来的时候，暂时有空闲的人就会主动帮助，见缝插针，让顾客得到良好满意的服务。对团队的整体奖励在团队成员互相认同彼此喜爱的情况下就成了最有效的鼓励合作的手段。将此模式扩大到整个商店，就会产生整个商店即是一个大团队的效果。宜家专门规定将一年中的某一天用来奖励所有员工，如何做呢？把在那一天售出的家具的全部收入分给每个员工。商店的员工因此对宜家都有强烈的归属感，将自己视为大家庭中的一员（许多店员介绍自己的亲戚朋友来宜家工作），于是就更加努力。这样的正向循环使公司的气氛越来越好。

以上三个团队建设的案例表明，团队的工作内容可以不同，团队成员的知识结构可以不同，团队本身的结构和组成可以不同，但只要抓准了团队的特征去有针对性地管理，各种各样的团队都可能被打造成优秀的团队。领导的作用重要但又不能凸显，关键但又不能过分强调。领导要在领导的同时又让队员感受到是他们自己在领导整个团队。这样，当每一个队员都产生自己对团队的拥有感的时候，他们就再也不必苦苦思索是否要合作的问题，而会忘情地全心贡献自己的力量。

提高团队效率的七种武器

由于工作关系，笔者经常和各种各样的团队以及团队的领导者进行交流，在这个过程中，笔者发现提高团队效能虽然有很多不同的方式，但最成功、最有成效的却是一些最基本的办法。

1. 武器一：沟通

一个很有意思的情景想必很多人都熟悉：如果团队某个项目或是计划出了问题，领导者肯定认为是团队成员执行不到位，但如果问下属成员，大部分一定会说是团队的决策出了问题。为何会有这样完全不同的结论呢？答案是沟通不畅甚至没有沟通。

沟通并寻求共同意见并不是一件简单的事，不是每个人都乐意说出他的见解，所以沟通一定要讲究方法，否则不但达不到目的，还很有可能赔了夫人又折兵。标准的西方做法是：参与者就相关问题进行辩论，并阐述对方案赞成或反对的理由。而东方人的习惯却是：参与者轮流发表各自的意见，没有讨论。

其实不论采用哪种方法，鼓励参与者说出他们的意见并做出总结，设法达成某种程度的一致才是最重要的。讨论中，不是一定要推翻已有方案或者拿出另一个新方案，更不用强行要求团队每个成员的观点完全一致，因为经过讨论已经达到了使方案更加完善的目的。

当然，在这个相互讨论的过程中很有可能会把原来的方案推翻，或者会有更好的新方案提出，但这些都应该是自然发生、而不是硬性要求而产生的，否则就会陷入为了推翻方案而推翻方案、为了拿出新方案而拿出新方案的误区，这对问题的解决没有任何实际意义。

2. 武器二：动力

目标是制订计划之本，设定有弹性、周到而又可行的目标，有助于团队取得最终目标。

在设定目标时，要胸怀大志，对巨大成就的渴望，会促使人们积极行动。胸怀大志的领导者能够证明，那些看上去不可能实现的事情，其实往往能够企及。

对于目标里每个要素的完成，提出明确的标准和完成实施的时间、相关责任人以及考核办法、奖惩办法等。被设定目标的实现将会使团队成员无比自豪，一方面，目标是团队成员共同讨论认可的，大家都会全力以赴，这就避免了成员在遇到困难时惊慌或推诿；另一方面，积极向上的心态对于目标的实现至关重要。

此外，永远不要忘记设立目标检查标准。即该目标是否明确、有难度、可量化？是否有明确、切合实际的时间表？是否已经落实成完整的计划？

是否可因事态的需要而做修改？该目标的实现是否会推进整体的战略发展？是否会为团队成员带来收益？是否体现在每个成员的个人目标中？只有符合了这些标准，目标的实现才会成为可能。

3. 武器三：决策

不论是举行正式或非正式会议，领导者心中都要有时间概念和明确的目的。如果总是为已经决定的事把成员召集起来“盖橡皮章”或开不做决定的会，不但会影响成员的斗志，降低整个团队的工作成果，而且会减少领导作用的机会，延误决策，冲淡责任。久而久之，团队便会出现“会而不议、议而不决、决而不做” 的怪现象。

作为领导者，在安排会议前应该先考虑它的有效性。拟召开的会议是出于解决问题的目的，还是纯粹出于习惯？首先，领导者不妨问一问自己：这个会议是否有明确的目的？是否有明显可测的结果？是否有完全起作用的与会者？如果拟召开的会议不能通过这三个问题的测试，那么它就是不必要的会议。其次，领导者在每次召开会议前都应带上完成的计划，同时作好“开会就意味着可能改变原先设想”的心理准备。会议前，妥善分发所有文件；会议中，让讨论有秩序地进行，让每个成员都能畅所欲言，鼓励他们坦率交谈但要防止离题；会议后，要及时总结会议上提出的建议或计划。总之，团队领导者要起好主持人的作用，就能使会议富有建设性。

4. 武器四：协作

要使团队运转良好，就要做好成员的角色定位。要建立一个齐心协力的团队，成员个人利益和团队利益必须一致。把团队成员看做一个整体，让他们各司其职的同时集中合作。

首先，进行成员角色分派：掌握团队每个成员的性格和能力，决定其适合什么样的角色和任务，以及需要哪种培训。高效团队的每个组成人员，都要担负不同的关键角色，而作为团队领导者，除了担当团队精神营造人之外，还要确保团队所有角色都有人担任，而有的团队成员需要担任多种角色。

其次，培养技能授权成员：团队运转需要更多的灵活性，团队成员具备多种技能显得很重要，若每个成员专司一职，不兼顾其他，团队很难运转良好。安排时间让团队成员一起工作是一个很好的办法，这样不仅能让他们了解彼此的工作，还能促使成员更充分地发挥自己的才能，行使为团队思考和贡献智慧的权利。

最后，公平公正公开奖励：奖励的目的就是为了激励团队和个人更好地工作，团队成员有权利和资格分享他们创造的财富和荣誉。当然，有时个人利益和团队利益之间是会有冲突的，领导者一定要协调好这之间的关系，不能让其干扰了团队和谐的气氛。

5. 武器五：价值观

任何一个复杂的体系，各部分都要协调一致、相互支持，才能达成最佳的运作效果。一个由人组成的团队也不例外。正所谓“观念决定意识、意识决定态度、态度决定行为、行为决定习惯”。价值观像一根无形的指挥棒指挥着人的言语行为，它能把众人的心和力量凝聚在一起。

价值观主宰着每一个人的行为方式，影响着人对周遭一切的反应，它颇似电脑的执行系统，虽然可以被输入任何资料，但电脑是否接受或运算，还得看执行系统是否符合事先所设定的相关程序。价值观就是人们大脑里判定是否执行的系统。团队成员的行为若无法与内心最重要的愿望相契合，内心始终存在对立情绪，成功也就遥遥无期。领导者若想让团队改变、成长、兴盛，就得清楚自己以及团队各成员的“人生法则”，并同时掌握衡量成败的标准。

但作为团队领导者不能强硬地赋予成员价值观，那样很可能会受到成员的抵制和排斥，只有把自己的价值观树立为成员眼中的理想标准后，才可能通过个人的影响力来带动团队成员，发展他们的价值观。若能填平与团队成员之间价值观的鸿沟，便能带领团队成员朝同一个目标努力。

6. 武器六：事实

问题可能是一次性的，也有可能是经常性的。不管遇到怎样的问题，领导者都要首先针对出现的问题先询问自己为什么会产生这样的情况，并一一回答这些问题，提供与解决问题有关的基本事实。因为缺少这些事实，就不可能有最佳的解决方案产生。

许多问题往往是因为“差距”产生的，“你在哪里”与“你想到哪里”之间有距离，问题是怎样缩小这个距离。比如：本季度的目标销量是1000件产品，可现在两个月过去了，销量才完成了50%。这之间可能存在着许多障碍：资源短缺、强大的竞争对手等。这时，领导者要么去找寻消除障碍的方法，要么在目标上做出妥协。重要的是，必须为达到目标做出一番筹划，找出问题出现的原因，然后拿出相应措施。只有无能的领导者才会在确认差距后仍置之不理。管理学家彼得·德鲁克认为：“知道该做什么，怎样去做，就要付诸行动。”没有第三步行动，前两步分析和计划就毫无意义。

找寻事实的目的，除了让团队成员养成具体问题具体分析的良好习惯，更重要的就是要把存在的问题有效解决，达成最终目标。

7. 武器七：激励

信任是领导者对团队成员最好的激励方式。信任很难建立，却很容易失去，这是因为人们常以一种怀疑的心理定式开始交往。团队领导者要努力赢得团队成员信任，就必须通过显示诚意和全力支持团队成员工作来获得他们的信任。只要诚实守诺、公正待人，信任便会随之而来。

我有一个朋友，到一家公司接任销售经理职位，他到任的第一件事就是把办公室重新装修，使办公环境更舒适。他认为，关心团队成员是一个领导者的重要责任，要留意办公环境的优劣，仁慈地对待团队成员提出的合理的改善要求，并随时准备采取例外行动去帮助遇到困难的成员。当领导者全力为团队成员争取资源、给予帮助时，便会增加成员对团队的信任、提高他们的忠诚度。

帮助团队成员塑造信心是另一有效的激励方式。人们也许会怀疑自己完成一项困难任务的能力，但当达到或超越既定目标之后，自我感觉就会得到改善。用表彰会或其他形式为个人和团队庆功，可以增强成员信心，最重要的支持是心理上的无价支持。如果有团队成员犯了错误，应指出错误并指导其改正但切忌中伤个人。面对外人，应依实情尽量支持、赞美成员，任何训斥和纪律处罚都应在私下进行。

本章小结： 不经过培育训练就让员工去承担绩效责任，无异于让员工自杀！管理者要与性格各异的员工打交道，有人张狂有人低调，有属虎的有属猴的，管理者要想把这些人充分调动起来，就要对不同的员工采取不同的管理手段，这样才能充分驾驭员工。在管理技能上来讲，针对不同的员工要有不同的培育方法，因材施教，因人而异，不做一刀切，才能最大限度地发挥员工的差异化才能，让人才因为培育而得到成长，心存感恩也会成为留住人才的一个重要基本因素，同时这也成为管理者育人有法的领导力体现。

第七章　留人
——千军易得，一将难求

标准考核，公平竞争

每个管理者都应该创造一种公平的工作气氛，让每个团队成员都感觉到自己得到了公平的待遇。因而，在企业的人力资源管理过程中，每位管理者都必须重视员工对公平的心理感受。

在社会工作、生活中，每个人都在寻求公平。虽然我们所处的社会是无法实现绝对公平的，但是这并不意味着要漠视不公平现象的存在，而是要尽量寻求公平。管理者对团队的每一个成员都要公平对待，绝不能因为个人好恶而厚此薄彼，而损害到其他成员的热情。

孔子曰：“不患寡而患不均”，这里的“均”不是指平均主义大锅饭，而是多劳多得、少劳少得、赏罚分明的意思。倘若多劳少得、少劳多得，员工又怎么会甘心工作？如果团队里某个成员干的少却和其他人所得一样多，或者某个成员做得多，所得却和其他人一样，那么就不会有谁愿意努力工作。

博弈论里有个“智猪博弈”的故事是这样的：

猪圈里有两头猪，一大一小。猪圈的一边有个踏板，每踩一下踏板，在远离踏板的猪圈的另一边的投食口就会落下10个单位的食物。倘若有一只猪去踩踏板，另一只猪就有机会抢先吃到另一边落下的食物。当小猪踩动踏板时，大猪会在小猪跑到食槽之前刚好吃光所有的食物；但如果大猪踩动了踏板，则还有机会在小猪吃完落下的食物之前跑到食槽，争吃到另一半残羹。

小猪躺着大猪跑，大猪在劳动，而小猪在分享。显然，我们可以从中得出一个结论：多劳不一定多得。对于人而言，如果多劳不能多得，谁会愿意多劳呢？团队因此也就不称其为团队了。所以，作为管理者，一定要杜绝小猪生存的温床。

在管理中，对员工的尊重和信任是企业管理的核心内容，而这核心内容之首就是要求平等相待。所谓的平等，只是指老板和管理人员一视同仁，使员工们在同等的情况下受到相同的对待，而且还指老板，管理人员与员工相平等。

每个员工都会有个人公平标准，这是其个人对自己所发挥的作用的评价。自己对个人能力的评价则决定了对工资多少的满意度。如果他认为自己是高级工程师的水平，承担着高级工程师的工作任务和责任，而公司给予的却是普通工程师的薪酬待遇，自然员工就会产生怨气，就会出现两种结果：或者是消极怠工，或者是选择离开。

要想让员工对企业忠心，就要公平、公正地对待员工，让他们觉得自己被肯定、被尊重。此外，管理者要想真正留住人才，和员工们在一起时，可以不只是上下级关系和工作关系，可以平等相处，让团队有一种“家庭氛围”，平等互利，和睦相处。没有公平就没有服从，没有公平团队就会散架。每个员工的工作能力、工作态度是不同的，取得的成绩自是有差别，管理者把这种差别必须体现出来，且是公平地体现出来，一碗水往平里端，摒弃个人好恶，一视同仁，这有利于员工个人的发展，有利于团队的整体发展。

因此，在企业中，我们每个管理者都应该创造一种公平的工作气氛，让每个人都感觉到自己得到了公平的待遇，在企业的人力资源管理过程中，每位管理者都必须重视员工对公平的心理感受。

俘获人心，不厚此薄彼

管人就是管人心，在企业管理中，往往是人心最不好管，“俘获”了下属的心，其他事自然都不足挂虑。但人不是物，是有血有肉的高级动物，需求很多且很复杂，须认真加以研究，方能领略其奥妙之处，用起来才能得心应手。

诸葛亮在七擒孟获后说道：“攻心为上，攻城为下。”对于一个领导者来说收买人心、经营人心，能洞悉人性才能所向披靡。在武侯祠诸葛亮殿正中有一副清代人题的楹联，上面总结了诸葛亮一生的一个经典的总结，联曰：“能攻心则反侧自消，从古知兵非好战；不审势即宽严皆误，后来治蜀要深思。”这个对联被作为对怀念诸葛亮功绩的一个经典的表述，发人深省。上联言诸葛亮的军事成就，而其主要特点是“攻心”。所谓“攻心”，即从精神上或心理上战胜对方，并使人心服。自古以来那些真正懂得军事的人并不在于“好战”，而是注意从精神上或心理上摧毁敌人，也只有这样，才能有效地解除敌对双方的对立情绪，从而保持长久的安定局面。这对于领导者在公司中的管理启发意义也很大。

现代市场竞争亦如古之兵战。现代管理者必须懂得，管理的关键在于管“心”，就是激励人心，就是管理者想办法把下属的积极性调动起来，让他们把储存的潜能发挥出来。现代企业的管理者在这方面有必要向古人学习。当然了这并不是要求一个现代企业家将古人的做法照搬套用，而是要活学活用。

众所周知，企业管理的核心是人，人是一切的根源，人管好了，其他一切都可以说是水到渠成。管人就是管人心，在企业管理中，往往是人心最不好管，“俘获”了下属的心，其他事自然都不足挂虑。但人不是物，是有血有肉的高级动物，需求很多且很复杂，须认真加以研究，方能领略其奥妙之处，用起来才能得心应手。在这方面管理学家自然最有经验，他们给企业的管理者提出了以下几个建议。

首先，了解下属的心，要真心关爱下属。尽量多地去了解他的愿望目标，知道他在想什么，他想要什么，尽量地创造条件满足他。在对企业有利有益的前提下，给他一方天地，给他提供内部创业的平台。另外，作为一个领导者千万不要高高在上，不要以老板雇主自称。下属是企业的基础，企字掰开，上“人”下“止”，没有人了或人不行，企业自然就停下来了。把企业当企业做，把人当人看，尊重下属、关心下属是一个相当重要的理念，也是企业永续经营、长盛不衰的法宝。关心下属，下属才会把公司的事当成自己的事去做，正所谓“人敬我一尺，我敬人一丈”，下属一定会加倍的报答你，反之亦然。要让下属为自己而工作，学会自动自发，自我管理，而这是企业最需要的。

其次，要学会善待下属，扮好自己的角色，尤其要做到公私分明。善待下属，但不能宠着下属，尤其在一些原则性的问题上，凡是对事不对人，要维护下属和企业双方的利益，“没有永远的敌人，没有永远的朋友，只有利益关系是永久的，”具体来说，工作上严格要求，严师出高徒，严格执行各项制度，规范化、标准化管理，才会产生好的绩效。只有照顾到双方的利益才可能合作的长久。溺爱下属，无条件地放纵下属，只会害了他们。

三国时期，司马懿手下有个谋士叫贾充，很受司马懿的青睐。贾充一向自视甚高，轻易不肯表态，也不结交朋党，因此，司马懿对他比较看重。司马师看中了贾充的智慧与影响力，便努力拉拢他，希望他能在争夺太子之战中拉自己一马。某天晚上到贾充的府上拜访，并当面给贾充下跪，请贾充帮助他，并请求与贾充的女儿结为夫妻，而我们都知道，贾充的女儿是非常的丑陋、并且不贤惠的。要知道，司马懿当时已经官封晋王，司马师是王子，他能够向贾充下跪。司马师的这一举动赢得了贾充的忠心。后来贾充给司马师出了主意，让司马师成功地博得司马懿的信任，并挤掉更多司马懿喜欢的其他儿子，成为了司马懿的继承人。

由此可见，要善待下属，仅给予物质奖赏是不够的。只有付出你最宝贵的东西，才可收买人心。最宝贵的东西是什么，是你的时间。你肯抽时间和他说明一切，最能让下属有被重视的感觉。

温情留人，人性化管理

爱与严、文与武、软与硬这些看似对立的字眼，在管理中却是相互依存、相辅相成并且相得益彰的，在现代企业管理中缺一不可。

以 80 后、90 后为代表的新生代群体（后面通用新生代群体），所崇拜的偶像大多是有才气、有个性、有魅力的，不管你的出身是草根还是贵族、背景显赫还是简单、经验丰富还是初出茅庐，只要你够酷、够有才、够魅力四射，就会让他们喜欢和佩服你。

批评这类新生代群体需要技巧更需要前提，忠言不一定要逆耳，因为一句不合适的话就可能导致对你的能力产生怀疑，甚至进而辞职。所以平时的温情关怀，人性化管理异常需要技巧。

对于“新生代”群体的管理要充分体现刚柔相济的思想，也就是制度要硬、手段要软。毕竟“新生代”群体在成长过程中一直享受着对周围环境的主导权，步入职场的他们尚不能立刻褪去这一身“霸王气”。所以，在职场中他们更多的是在渴求参与，而不是一味低眉顺眼地说句“遵命”。

《孙子·行军篇》中说：“故令之以文，齐之以武，是谓必取。”这是说，要用“文”的手段，即用政治道义教育士卒；用“武”的方法，即用军纪来统一步调，这样的军队打起仗来就必定胜利。

“令之以文，齐之以武”，体现了文武兼施、德威并重的治军思想和治军原则。这一思想和原则也同样适用于管理企业，孙子所讲的“文”“武”之道，也就是今天企业的“软性”和“硬性”管理。软管理以“人”为中心，以激发、调动员工主观能动性为目的，依据员工的思想、特性，用组织共同的价值与文化理念、精神氛围进行人性化、人格化的柔性管理；硬管理是以“事”为中心，以达成组织绩效为目的，依靠职责体系、规章制度、行政法纪，进行程式化、有序化的强制管理。

孙子认为，治军不仅要“令之以文”，还要“齐之以武”。“齐之以武”就是要用法令、纪律、制度来整肃队伍，规范士卒的行为。对士卒不能过分厚爱、纵容，必须明法审令，用纪律来统一和管理部队。企业管理也可以如是为之。

“齐之以武”的思想对企业用人管理的启示是：首先要明确岗位职责，使员工知道自己该做什么，不该做什么；规范工作流程，确保员工按照标准化的工作程序开展工作，杜绝员工随心所欲、想做什么就做什么，想怎么做就怎么做的不规范行为。其次是构建规范的绩效考核与评价体系，通过对员工工作质量、工作态度、工作方法和工作能力的综合评估，牵动公司员工自觉地遵守各项管理制度，引导员工朝公司期望的方向发展。

“进入厂门者请放弃一切自治”是恩格斯《论权威》中的一句名言。对于敢于触犯组织最底限的行政法令要求的员工，必须要严管、重罚，给予严厉的惩处以警示他人，必要时果断予以淘汰出局，以保证整个组织的效率，有法必行才能真正发挥惩罚本身具有的效能。

除了恩威并施、明令禁止、激励士气，无论是在军队管理中，还是企业管理中，都有着最重要的作用，对于80后更是如此。

《史记》载：汉楚相争之初，项羽用兵40余万，4倍于刘邦，曾经政由己出，号令天下，威震一时。然而，由于他贤愚不分，奖罚不明，“于人之功无所记，于人之罪无所忘，战胜而不得其奖，拔城而不得其封”。赏罚不明使得项羽最终失败。

美国哈佛大学行为科学家威廉·詹姆斯在对员工激励的研究中发现：按时计酬的员工一般仅能发挥20%~30%的能力；如果受到充分的激励，员工的能力可发挥80%~90%，其中50%~60%的差距乃激励作用所致。软管理在今天企业经营中具有很强的激励作用，采取软管理的方式主要是满足员工的高层次需要，特别是自我实现需要和成就感。

在管理中对新生代群体员工既要“爱”，也要“严”；爱要有爱的分寸，严要严得科学。爱与严、文与武、软与硬这些看似对立的字眼，在管理中却是相互依存、相辅相成并且相得益彰的，在现代企业管理中缺一不可。只有实现两者的结合——文武结合、软硬结合，对人才的管理才能达到“争得来、用得活、管得好、留得住”的最佳效果。

鼓励对方更能赢得对方的认同，对于逆反心理特强的新生代更是如此。任何事物都有两面性，总有优点可以为我们认可，当我们认可优点时，无形之中在对方心中留下了记号，善于鼓励对方的优点，长期积累下来，你会发现原来的那些缺点也自行消失了。

俗话讲：“得人心者得天下。”企业能得人心，向心力就强；员工有了归属感，忠诚度、责任心就强。

在企业内部建立阳光激励机制，创建公平竞技平台，确保激励系统化、制度化，对于相对单纯的新生代群体来说是非常鼓舞人心的。他们不会也不愿意玩心眼，把事情讲得明明白白，然后努力去达成目标就好了。他们大都没有后顾之忧，更愿意放手拼搏。天性争强好胜的他们，喜欢学习，喜欢挑战，他们内心的热情一旦点燃，那么他们对于工作将会全力以赴；一向具有优越感的他们，自尊心很强，非常渴望自己能够有成就，看得到的希望，对于他们来讲，是非常重要甚至是不可或缺的。

多鼓励“新生代群体”的新员工，及时肯定他们的工作能力。进入新的工作环境，新员工希望能及时展现自身价值，以获得企业的认可。为此，企业也要为新员工提供发挥的工作平台，对其取得的成绩要及时肯定；遭遇挫折时，要进行适当的鼓励，让新员工感受到其存在的重要性，从而提高工作的积极性。

“新生代群体”员工实际上是很矛盾的一个群体。他们在某方面很先进，如他们的知识信息量大、自信、创新；但在另外一方面，承受工作的压力相对较弱，而且对工作的期望值又过高。因此，这也加速了跳槽欲望。

但是，话分两头说，工作中常常也会有这种情况发生：一旦出现新员工能力出众、对上层地位造成威胁时，“老”员工往往就会抱成一团，共同打压新员工。这时，人为制造的玻璃天花板往往就限制了新员工的发展，导致新员工在郁闷之下拂袖而去。

在新老员工冲突中，新员工往往处于一种非常不利的困境：他们虽然能力出众而受到高管层的信任，但往往在公司内部缺乏基础，而由于服务时间不长，其忠诚度也极容易受到质疑。强烈的自我保护意识本来就已经使老员工抱成一团，形成一个利益共同体，一旦有新员工能力出众、咄咄逼人，对一些老员工的地位造成威胁时，就会联合起来共同打压新员工。而新员工在这种时候往往穷于应付，没有人能够帮得上自己。最后只能是自己走人了事。

如果说薪酬差异、日常的矛盾冲突、穿小鞋、抢功、推卸责任等都可以忍受的话，职业发展的天花板就是“新生代群体”员工最不能接受的。对于他们来说，其年轻、有活力、有激情，追求与企业内的老员工往往有较大的差异。老员工更趋于求稳，只要你不触犯我的利益就行。而新员工对职业发展的需求更高，希望能够被赋予更多的责任与授权，能够参与决策……这与老员工保护既得利益的诉求是逆向而行的。

显然，这种人为制造的玻璃天花板，对新生代员工显然是不公平的。而在新员工看来，这样的天花板其实也是很脆弱的，一捅就破，是否去捅破这个天花板，只在公司管理者的一念之间。这一点，是企业管理者必须注意并尽力避免发生的。

随着越来越多的90后开始参加工作，企业也面临如何管理新生代群体中极具代表性的90后的困扰……

他们不喜欢受约束、个性强、任性、自我、缺乏理想、回避压力、独立性差……于是这些员工成了难以管理的问题员工……

虽然这一代人有着非常强烈的个性和缺点，但是这些人学习能力很强，有宽广的创造力和想象力，因为多数人经济压力不大而非常乐观，对新知识更容易接受，很多人多才多艺……

既然已知90后一代人的优缺点就应该更用心地去了解和接受他们……

对他们那天马行空的理想和抱负可以不认同但千万不要嗤之以鼻（爱迪生在他的年代也被人当成疯子）。

不要批评他们的现实欲望，因为他们是在无条件接受上2~3代人的奉献中成长的。不知回报是理所当然……

虽然“90后”有着诸多问题和不足，但是不可阻挡的是，他们正开始成为职场基层员工的生力军。企业招聘时要注意观察“90后”员工是否热爱这份工作，然后再根据他们的态度来决定是否录用。

要招到“90后”员工可能并不难，但是如何管理好甚至留住要求高却又不太稳定的“90后”员工却是摆在企业面前的一道难题。

跟“80后”“70后”相比，“90后”的员工除了对物质的要求高以外，他们也很注重精神层面的需求，特别需要理解和尊重。因而，企业需要善用这一点，变家长式管理为人性化管理，企业管理者需要先跟他们交朋友，还要变被动式管理为参与式管理，让“90后”员工亲自参与管理，可以通过饭后会的形式，来征集他们对工作中遇到的问题，来为他们解决问题，让他们对企业产生归属感。

当然，定期举行一些娱乐活动，如举行篮球赛、足球赛、联谊会、组织旅游等方式也很有必要。这样，一方面可以提高他们的工作积极性；另一方面拉近与其他员工的距离。

采取鼓励和引导的方式。很多职场新人对工作环境和工作内容不够熟悉，很容易导致自卑，而企业管理人员就应该给予他们鼓励，告诉他们只要努力还是可以做得很棒的。另外，也要适当加压。

“除了要采用人性化管理方式，还要多给员工提供学习和培训的机会。这样才能真正留住那些优秀的人才。”

如何管理90后员工的十大经验总结：

（1）以身作则，不要用权力去硬性要求而要用个人魅力发挥领导力。

（2）经常定期不定期举办活动聚会缓解工作和上下级的紧张关系。

（3）建立完善的管理制度，公平、公正地对待每一位员工。

（4）确定工作方向，明确工作任务，确定工作时间，限定工作范围。

（5）督促员工加强学习，培养先进理念，提高素质、水平、要求、效率。

（6）建立有效的工作流程及绩效考核制度，多层次激励，点燃员工的学习热情。

（7）强化员工的责任心，多做价值观培训，明确了解个人职责，积极做好本职工作。

（8）建立明确的奖罚制度，采取多渠道、多层次的奖励办法，激发员工的主动及创造性，结合奖罚制度的基础，建立合理的约束机制，避免员工只想得到好处，造成行为偏离工作目标。

（9）完善的培训制度，创造努力上进的良好氛围并奠定员工职务升迁的基础。

（10）了解员工的家庭情况，对有困难的员工，在可能的范围内尽量给予支持；对有专业技能者，要礼遇并适当的奖励，更能激发员工动力。

文化留人，塑造好氛围

氛围对管理效果的重要性早已是不言而喻了。

工作氛围分两种：一种是环境氛围；一种是人文氛围。环境氛围是指由办公空间的设计、装饰等营造出来的感受，人文氛围是指周围团队成员言行举止的传播影响，这两者的相加会让员工的能力产生化学反应，其工作结果的表现也是大相径庭。

有人曾在网络上发布 Google（谷歌）公司总部的办公室照片，那看起来简直就像一个度假村，有台球桌、自助的食品饮料吧台、理发厅、按摩室、游泳池、员工子女看护间，工作区域还有舒适的躺椅、灵感涂鸦墙、各种各样的健身器材和玩具等，这非常符合 IT 巨头 Google 崇尚自由和高度创新的企业文化。可想而知，员工在嚼着巧克力享受按摩师的服务的时候，灵感很容易就会找上门来。这并不是说所有企业都要学 Google，而是建议企业要在办公室布置上做出符合企业所属行业的风格来，在人文氛围上做出能正确引导员工行为的企业文化来（见图 8）。

有了适当的工作氛围后，还要给予每个员工以尊重。尊重是每个人的心理需求。员工是脆弱而又敏感的，他们做事张扬，而内心又想赢得别人的尊重，尤其是上司的尊重，因此，作为主管，要尽可能地给他们提供一个宽松、独立、自由、开放的工作环境，以体现对他们的尊重。比如，让他们独立去开发一个市场，只给予指导，不指手画脚、评头论足，对于一点点进步，都能够给予及时的表扬和肯定，即使犯错，也要委婉地“关起门”来批评。与此同时，作为企业管理者，要愿意为员工成长而走的弯路埋单，从而能够让他们快速地成长，并生成他们对企业的忠心。

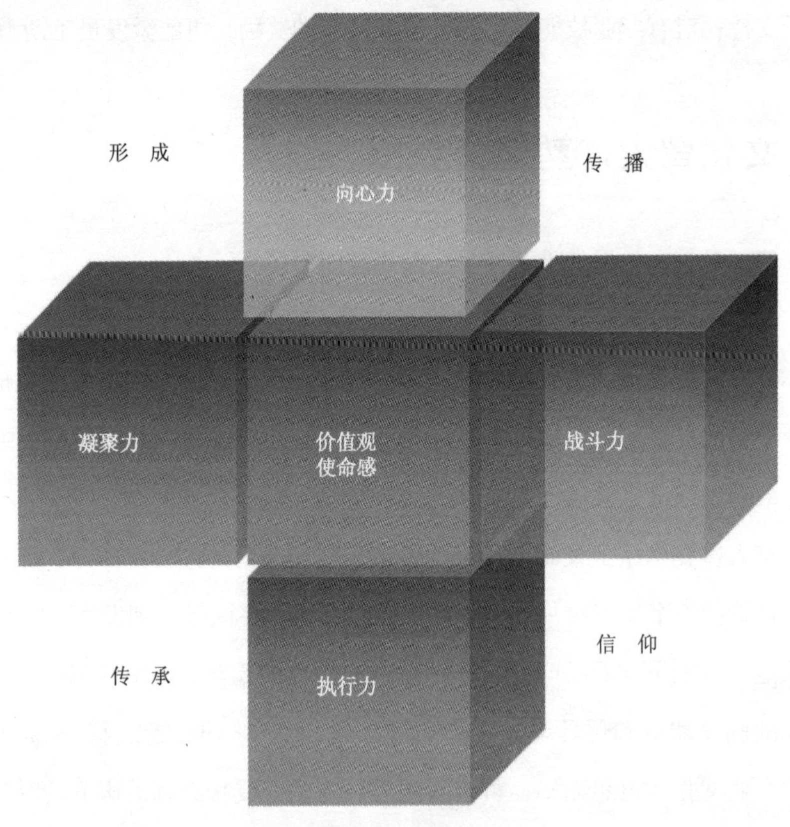

图 8　文化留人

要想让员工对企业忠心，平等地对待员工，让他们有“家”的感觉，是个很不错的方法。管理者要想真正留住人才，和员工们在一起时，可以不只是上下级关系和工作关系。在工作之外还会有同情共感、痛痒相关的关怀，也可以在工作之余共同娱乐。总之，管理人员要明白只有把员工当做家庭成员对待，与其亲友友善打成一片才能实现成功的管理，而与员工亲切友善打成一片的最简单方法就是实现平等管理（见图 9）。

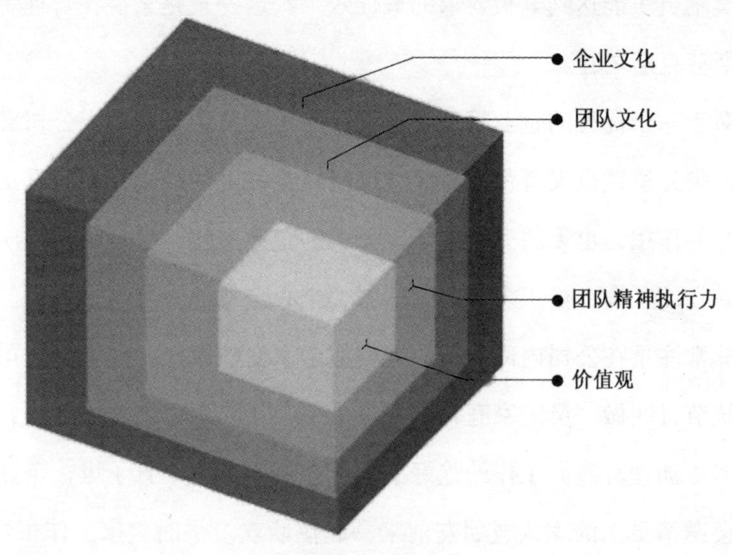

图 9　不同文化层次

在管理中，所谓的平等，指老板和管理人员一视同仁，使员工们在同等的情况下受到相同的对待。对员工的尊重和信任是企业管理的核心内容，而这核心内容之首就是要求平等相待。

企业管理是对人的管理，老板也应是“人”，不能把自己当成“神”。人与人之间虽然职务不同，但在人格上都是平等的，都应该受到尊重。讲究人本思想，像欧美企业的老板那样，以“人”的形象站在员工面前，以平等的身份与他们共处，员工们必然会喜欢你，从而不愿意离开公司。

激励留人，精神奖励

物质奖励是满足员工的物质需要，精神奖励是给员工以精神上的动力，以满足其心理动因的需要。两者相比，精神奖励有时候发挥的作用往往更大，二者若结合起来，必能相得益彰，发挥神奇的作用。

在员工眼里，究竟哪种奖励最得人心？对于企业管理者而言，用什么方式奖励员工能达到老板要求的最佳效果？这一直是萦绕在管理者心头的一个斯芬克斯之谜。

对于一个优秀的企业管理者来说，当然发奖金也是年末公司必做的事情，但是光谈钱也没有很大意义，仅仅靠金钱上的鼓励并不能真正起到鼓舞人心的作用，也无法完美地体现公司的企业文化，只有达到物质奖励和精神鼓励的平衡，员工才会完全信服、全心全意地为之努力效劳。不少公司都非常注重在公司内部营造一种类似于家庭的氛围，如不少公司都有一个传统节日叫做“员工家庭日”，这是一个让同事之间联络感情、也让员工家属更加理解我们工作的绝好平台，在每年的这个日子里，企业的管理者都会邀请员工的家人或朋友前来一起搞联欢。平时大家工作很忙，8小时都在努力工作，彼此沟通和交流的机会不多，联欢会就能促进友谊和情感；让大家的家属和朋友也参与进来，使他们同样可以感受到集体的其乐融融，以后对工作也会更加理解、更加支持。

在企业组织里，如何调动员工的积极性，如何给员工以精神奖励有很多的方法。首先要做的是经常表扬员工，满足他们的自尊心。尤其是需要经常对其当众表扬，或者单独面对面对员工口头称赞。背后对员工称赞由别人传到被表扬的员工耳里，这也是一个有效的方法。

另外，在与员工的接触之中要注意一些细节，通过微笑、点头、目光注视进行肢体性赞许；通过赞许性鼓掌进行肢体表扬；伸出大拇指进行肢体表扬；记住员工的电子邮件，发送电子邮件给员工进行书面表扬；单独写信给员工进行书面表扬；通过内部刊物对员工进行表扬；通过企业内部公示牌进行表扬；通过张贴表扬信进行表扬；利用文件的形式进行表扬；

利用有影响力的报纸杂志刊登进行表扬；利用电视广告、广播、电脑广告进行宣传性表扬。总之，无论是口头表扬还是书面表扬，表扬内容一定要具体，讲究技巧。不然表扬的效果不会很明显，而且会让被表扬的员工觉得你这位老板很虚伪。

美国的JAVE公司是硅谷的一家著名的高科技公司，在这方面他为我们树立了一个好的榜样。

为了充分调动员工的积极性，除采取了各种物质性的奖励办法也有精神的，两者相结合，从而使员工将自己的切身利益与整个公司的荣辱联系在一起，最大限度地发挥员工的积极性。该公司有时还会作出一些出人意料的决定，以增加公司的凝聚力，如员工的业务名片上有一些蓝色镀金边的盾牌，这是他25年工龄荣誉徽章复制图样，同时上边还印着烫金的压缩字：国际商用机器公司，25年的忠诚。这就巧妙地告诉他，公司感激他25年的努力工作，员工拿着这张名片，可以同认识他的每一个朋友分享这一荣誉。JAVE公司有个惯例，就是为工作成绩列入前100名的销售人员举行隆重的庆祝活动，而排在前10名的销售人员还会荣获金圈奖。

为了表示这项活动的重要性，选择举办联欢会的地点也很讲究，如到具有异国情调的夏威夷举行。有一个著名电视制片人参加了该俱乐部1986年金圈奖颁奖活动，他说由于公司的重视，他们组织的这个活动具有很高的水平，当然，对于那些有幸获得金圈奖的人来说，就更有荣耀感。有几个金圈奖获得者在他们过去的工作中多次获得这种奖项，因而，在颁奖活动期间，分几次放映有关他们本人及家庭的纪录影片，每人约占5分钟，影片质量与制片厂的质量不相上下。颁奖活动的所有人难以用语言描绘，特别应指出的是，公司高层领导自始至终的参加，更激起人们的热情。

对于公司来说，这件事做起来并不难，但是它在员工的心目中激起的感情波澜是巨大的，由此可见，JAVE公司给予员工精神鼓励方面显然是一个老手。

愿景留人，成长与晋升

企业中的共同愿景会改变成员与组织间的关系。它不再是“他们的公司”，而是“我们的公司”。共同愿景是使互不信任的人一起工作的第一步，它能产生一体感。事实上，组织成员所共有的目的、愿景与价值观，是构成共识的基础。心理学家马斯洛晚年从事于杰出团体的研究，发现它们最显著的特征是具有共同愿景与目标。

美国的一个公司老板在接受全美电视台采访时说出了他们采用愿景激励员工的真谛。“公司初期并不好，所以为了能给自己一个信心，也让员工们有个信心，就制定了一个当时看起来并非能完成的销售额，1984年制定的愿景目标是1989年时达到销售额2000万美元，实际当时销售额只有300多万美元。1994年达到1亿美元，1999年达到1.5亿美元。15年时间销售业绩要突破50倍，这在一般人眼里都是不可能实现的。但这个公司为他们愿景目标做了充分的说明和准备，这就使所有的员工愿意相信这是可以实现的，只要完成了企业的愿景我就可以得到某些东西。在制定完愿景目标后，所有员工工作精神与韧劲大幅提高，公司真的以腾飞的脚步在奔跑，先是第一个五年期目标的基本实现，员工也真的得到了承诺下的应有回报；第二个五年期目标提前半年实现，这更加大了公司员工对企业愿景实现的强烈信心；第三个目标更是提前一年实现了，这样的成功让所有人看到了企业愿景的巨大魅力。”

马云在网络泡沫剧增的2001年，不放弃理想，用身心抗住了破产命运的到来，灌输给阿里巴巴网站的所有员工一个坚定信念——我们一定会赢，我们一定会重新站起来，我们一定会取得这场战役的最后胜利。员工在极度艰苦的条件下，依稀看到了企业愿景与行业愿景，有半年的时间大家连一分钱都没有开，正是信念这种动力在支撑员工努力工作，也恰恰是企业的这个愿景目标挽救了整个企业。

人们寻求建立共同愿景的理由，就是他们内心渴望能够归属于一项重要的任务、事业或使命。共同愿景刚开始时可能只是被一个想法所激发，然而一旦发展成感召一群人的支持时，就不再是个抽象的东西，人们开始把它看成是具体存在的。在人类群体活动中，很少有像共同愿景那样能够激发出这样强大力量的。1961 年肯尼迪总统宣示了一个愿景，它汇集许多美国太空计划领导者多年的心愿，那便是：在十年内，把人类送上月球。这个愿景引发出无数勇敢的行动。另外，共同愿景培育出承担风险与实验的精神，就如赫门米勒家具公司的总经理赛蒙所说：“当你努力想达成愿景时，你知道需要做哪些事情，但是却常不知道要如何做，于是你进行实验。如果行不通，你会另寻对策、改变方向、收集新的资料，然后再实验。你不知道这次实验是否成功，但你仍然会试，因为你相信唯有实验可使你在不断尝试与修正之中，一步步接近目标。”

只有合适的愿景才容易为企业相关利益主体所接受。将企业做大做强是每一个企业管理者的梦想，但是在如何做大做强的问题上建立自己的愿景，就不必再沿袭大而全的路子，在专业型的愿景里形成自己的核心竞争力同样是大有市场的。建立实施蓝海的愿景无疑是一个正确的选择，但是蓝海战略的愿景不一定就是大蓝海，小蓝海同样充满诱惑力。一些中小企业受到资源等条件的限制，或许进入不了行业的前三名，却完全可以在某一个行业的细分中进入数一数二的理想境界；如果难以在大环境中跳出红海，建立起小蓝海战略的愿景同样可以为自己留下一片“绿荫”。如果大家都能够这样做，红海不也是可以变成“蓝海”吗？！

愿景的“庇护”是为了更好地解决现实问题，但是不可用它代替现实的努力。愿景激励虽然能够起到“望梅止渴”的作用，但是这不等于“渴”的问题的现实解决，不同于现实利益的兑现，只是为“渴”的问题的现实解决赢得了时间。如果不能利用这宝贵的时机采取现实的行动，人们就经不起现实的消耗。这如同伞的利用，它是为人们的生产生活和社会活动的奔走服务的，但是不能代替这种奔走。如果在伞的“庇护”下睡大觉，随着风向的变化和太阳的移动，这种“庇护”作用就会丧失。这就如同刘备家乡的“车盖”，到底是作为祥瑞之兆的帝王华盖还是作为厄运的“华盖”，完全取决于三分天下的努力；否则，即使有了一定的基础，放一个阿斗在下边，也是扶不起来的。

宽厚仁德，激起他人敬重

原来的秦国只是一个很小的地方，在秦穆公时奠定了当时秦国的基础。这与秦穆公非凡的领导能力是分不开的。

秦穆公曾丢失了一匹心爱的宝马，等找到时发现一群百姓已经把马杀了准备吃肉。这群人知道自己杀的是穆公的马时吓得半死，但是秦穆公不但没有生气，反而说吃马肉不喝酒怎么行？就叫人给他们送了几坛美酒享用。后来，秦国和晋国发生了战争，秦穆公亲自带人去抓晋国的国君，不料中途被对方包围。正在危难之时，就是这帮人拼死救了秦穆公，还把晋王也抓了。秦国借此第一次扩大了自己的疆土。

聪明的领导者在意自己的权力，但更在意自己的名声。他们知道，有好名声才有好威信，才能做到众望所归，才能做到有效控权。因此，作为一个管理者，不能不领会厚德得人心的内涵。只有顾忌下属对自己品质的评价，只有在下属面前树立一个仁义宽厚的形象，管理者才能更好地控权立威，使下属服从自己。秦穆公正是凭借这一点来收买人心的。

下属都希望自己的管理者是一个宽厚长者，而不希望领导每天铁青着脸，动不动就对自己吆五喝六、批评责骂。因此，管理者树立一个仁义宽厚的形象，将大大有利于管理工作的开展。这也是厚德得人心的真谛所在。要做到这些，管理者可以从以下几方面入手，培养自己的宽厚品质：

1. 要努力收敛自己的大脾气

有些管理者脾气暴躁，情绪容易失去控制，事无大小都喜欢以大脾气压人、以自己的权力压人，他们总以为大发脾气可以造成一种威慑力。其实不然，因为没有几个员工愿意和那些喜欢对下属乱发脾气的领导在一起，大家都希望能有一种和谐、融洽、友好的工作氛围。脾气发得越多，越让下属见怪不怪，其效用也就逐渐失去，而且聪明的下属还会形成一套自我保护的办法。这叫上有政策，下有对策。

2. 专权独裁不可取

尽管权力属于你这个领导，但是你尽量不要把它看得太重，要在放权的过程中有效控权。有些管理者特别喜欢把下属管得严严实实，喜欢看到下属对自己唯唯诺诺，服服帖帖。然而，这并不是真正的控权，因为这些都只是表面而已，表面背后的实质才是关键。还有些管理者在具体事情上干预过多，甚至连下属的私事也要管，这就更不明智了，只会导致下属对领导采取抵制、敌视的态度。正确的做法应该是：给下属一定的自由空间，不要试图把他们套在自己的小圈子里；分派任务时多强调目的、结果，而具体完成工作的方法、手段，则应该由下属负责。要明白，权力就像手中的沙子，你越是想抓紧它，它就越是要跑掉，所以你只能适当地放松，因势利导。

3. 勇于原谅下属的某些过失

任何人都不可避免要犯错误，领导者处理员工错误时的态度和做法，将直接影响该员工今后的工作态度和工作热情，影响到领导在员工心中的威信。当员工犯错误的时候，他们最不愿意看到的就是惩罚，所以领导者如果能对下属的某些错误既往不咎，可以使对方深切地体会到领导的宽阔胸襟。

4. 勇于认错、改错

管理者犯了错，绝没有掩盖的必要。欲盖弥彰，反而会影响到你的威信和形象。勇敢地把错误承担下来，或者公开道个歉，并不是一件坏事，反而能收到意想不到的效果。刘备在汝南败给曹操后曾对诸将说：“诸君皆有王佐之才，不幸跟随刘备。备之命窘，累及诸君。今日身无立锥，诚恐有误诸君。君等何不弃备而投明主，以取功名乎？”结果众将反而认为刘备是个宽厚仁德的明君，都坚持要誓死追随刘备。这就体现出刘备控权运权的高超手段。

本章小结： 先解决尊重需求，再达成价值需求，是企业留住人才的核心内容，而这核心内容之首就是要求平等与宽容。领导者要驭人有术，又必须宽严有度，所以留人既是管理系统的战术，也应该是领导艺术的战略。铁打营盘流水的兵，只有留得住人才，营盘才稳健，才无惧未来未知的动荡格局的挑战！

第三篇

中层管事须高效

第八章　中层的授权规则

解放思想，主动授权

授权是基于一种充分信赖基础上的领导方法，要想在竞争中获得优势，中层管理者必须学会解放思想，主动授权于值得信赖的人才，而这一切的基础则是建立牢靠的信任关系，正如苏霍姆林斯基所说的，“对人的信任，形象点说，是爱抚、温存的翅膀赖以飞翔的空气。”

授权是一种有效的领导方法。但在一些中小民营企业的老板却不清楚应该如何正确使用。时常听到一些企业感慨：随着企业业务量的增长，团队越来越膨胀，需要应付的差使越来越多，因此越来越感到精力不济、力不从心，随着竞争的加剧，越来越意识到专业化操盘手的重要性，这是保证业务的持续增长和公司的良性发展的重要条件。然而，大多数民企老板不懂得授权是基于一种充分信赖的心态，对自己、对他人信赖。

为了解决授权的信任危机，或授权后的信任问题，关键的是“授权必须有效”！所谓“有效”是指授权者有正确的策略，既相信被授权者的品格与能力，又相信自己能够处理授权带来的所有问题和任何意外，说到底就是实现授权者对自己的信赖。

选用职业经理人，甚至包括提拔企业内的中层管理者，都要以信任为第一要素。但与此同时，又不能将信任作为唯一要素，在信任关系建立后，还需考虑到的是对企业影响甚大的职业操守、工作态度、工作能力等问题，否则，只会对企业发展造成负面影响，从而根本达不到聘用职业经理人的目的。

有许多民营企业为了摆脱家庭式管理，也聘用职业经理人。但引进职业经理人后，官职可以给，工资也给发，但是审批权却丝毫不给，这就是典型的“给官给钱但不给权”。而对于职业经理人而言，与职位相对应的审批权、决断权是其开展工作的最基本需要，只有官位但没有实权的职业经理人在实践中是无法发挥其才能的。

授权是为了选拔人才、培养人才，大胆使用专业中层管理者是为了增加创新成果的可能性。有效授权也不同于委派，委派是以命令和说服为主，只是委派任务和目标，对方的责任不强，也缺乏主动性。有效授权的核心是授予对方责任和主动权，让被授权者有创造的空间，能采用自己的方法去达成目标。

英特尔十分注意对员工进行授权。在他们看来，授权者和被授权者必须共享信息。因为只有委派进行得很有效时，它才会起到较强的杠杆作用，而较弱的杠杆效果则产生于主管只死守所有工作而不懂得分配工作。总裁葛鲁夫认为，“主管把自己喜欢的工作分配出去，可以更加得心应手地对这些分配出去的任务进行监督，并确保它们按计划执行。”

在英特尔的日常管理中，处处都体现了授权所带来的好处。葛鲁夫将这一点形象地比喻为：一个经理应当持有项目原材料方面的存货，这些存货应当由你需要但不是马上完成的东西组成。实践证明，要是没有这些存货，经理们就会无所事事，从而在百无聊赖之际去干涉下属的工作。这样的结果是可怕的，员工们的积极性和创造性将会受到重创。所以，葛鲁夫认为：对于一个经理或是主管来说，保证适度放权，并花一定的时间去计划咨询或协调员工之间的关系，并在适当的时候加以督导，那么，下属就会及时地去调整工作状况，这种局面非常有利于公司的高效运作。

授权是一个双向过程，需要双方互相信赖与沟通，是有效地将一部分工作转交给他人。通过有效授权，授权者将庞大的企业目标轻松地分解到不同人身上，同时将责任过渡给更多的人共同承担，这将让团队每一个职员更加有目标、更加负责任、更加投入、更有创造性地工作，只有这样才达到了向经理人授权的目的。

如今社会，全球企业正在经历一场转折，即以前的家族式企业中一人独裁的集中控制方式，逐渐被分权和授权的方式所取代。随着企业规模的迅速扩大和全球化战略的实行，一人独裁的管理方式是行不通的，而且对公司的成长来说也是有害的。适当的授权能使下属更加积极地参与到企业的运作和管理中来，从而有利于增强企业的竞争力和凝聚力。

掌握有效授权的技巧

建设良性的企业文化、构建合理的内部管理体制、具备非常理性客观的“得”“失”评判水平和胸怀是掌握有效授权的三个核心步骤，也是最终实现双赢效应的三个安全保障。

企业不管大小，都应该有自己独具特色的文化。良性的企业文化是企业团队成长的土壤，在企业里，若能建立并逐步完善企业文化，则会使企业的员工真正融入其中。新员工在选择企业时，能够融入企业文化的，必然会和企业内部通行的行为规则保持一致的步伐；而无法融入企业文化的，就会自然的退出或被淘汰，这种良性的企业文化就会为公司提升信任系数（见表8）。

表8　　重视企业文化与不重视企业文化的公司对比

	重视企业文化的公司	不重视企业文化的公司
总收入平均增长（%）	682	166
员工增长（%）	282	36
公司股票价格（%）	901	74
公司净收入（%）	756	1

作为一名中层管理者，掌握好授权技巧，对于工作的开展是非常重要的。如果中层管理者能够完成任务，同时又能享受其中乐趣那是最好不过的。授权给予和你一起工作的人常常有助于完成任务和享受工作。这里面主要包括两个主要方面。

1. 哪些事应该授权

（1）你没时间做的事。

当你计划一周或一天时，现实地预计每项你必须做的任务将要花费的时间。如果正常来说预计是半小时，就加到一小时，空出剩余的有效时间。如果发现你不能按时完成每一件事，就选择其他人能完成的任务委派出去。

（2）别人能做得更好的事。

有时，中层管理者会抓住一项任务不放，尽管他人可能会做得更好或更快。这种对控制的需要通常于我们不利，这会导致我们最后得不到想要的结果。将任务转交他人并非承认能力或智慧不足，而是在了解和利用自己的强项时，表现出你犀利的洞察力。

（3）他人为了积累专业经验而必须做的事。

当然，通常你会比下属或助理干得更快更好。但为了让下属或助理提高专业水平，可能要将工作交由他们去做。而且，随着你不断晋升你将享受到伴随将任务委交他人而带来的自由感。

2. 怎样授权最好

（1）详述你期望的结果。

将你的想法写成文字是个好提议；与你有权委派的人互相交换备忘录是确保达成共识的一条好途径。这样会避免你在任务结束时收到一个你不想要的结果。

（2）提供权力、途径和支持。

委派的不单是任务，还有执行任务的权力。要提出受委派者有权在这个项目上代表你，并要求他人给予合作和信息。

（3）评估结果，而非过程。

不同的方法可以达到同一目标。他人的思路与你的不同，并不等于是错的。小心别控制他人采用的方法，而是评估结果，看看是否符合你定的目标。

（4）确保你随时准备跟进。

你仍然拥有最终的权力和对该项目最终的审核权。无论你委派的是简单还是复杂的任务，若你没有对完成了的项目给予最后肯定，就会浪费所有人的时间和努力。不作最后跟进表示对你委派他人的任务态度冷漠。这会降低你的信誉并增加他人不将你的要求认真对待的机会。你的跟进方法可以简单如一个“备忘录”。用什么方法并不重要，重要的是要有效果。

选好授权对象是关键

把权力授给谁，这是中层管理者首先要考虑到的问题。应当明白，下属也是人各有志，不可勉强的。领导者勉强授权，一般很难取得成效。这就需要中层管理者把权力授予愿意接受权力的人，当然最关键的就是要选好授权对象。

万事都有“本末”“轻重”“缓急”之分，舍本而逐末，当然就不得要领了。管理是什么？管理就是抓事情的“本末”“轻重”“缓急”。在任何工作中，不仅有着各项重大任务，而且有许多其他的事务工作。有些事情非常紧急，迫在眉睫，必须当机立断，及时去办；有些事情突然来到，不办不行，必须妥善安排；有些事情必须上下结合，共同去办。

在如何分清轻重缓急、对症下药方面，有一个很有趣的故事可供大家参考：

有一天动物园的管理员们发现袋鼠从笼子里跑了出来，于是开会讨论，一致认为是笼子的高度过低。所以，他们决定将笼子的高度由原来的十公尺加高到二十公尺。结果第二天他们发现袋鼠还是跑了出来，所以，他们又决定再将高度加高到三十公尺。没想到隔天居然又看到袋鼠全跑到外面，于是管理员们大为紧张，决定一不做二不休，将笼子的高度加高到一百公尺。一天长颈鹿和几只袋鼠在闲聊，“你们看，这些人会不会再继续加高你们的笼子？”长颈鹿问。“很难说……”袋鼠说：“如果他们再继续忘记关门的话！”

作为中层管理者，不可能也没有能力去总揽各项事务。授权也是如此，必须按照急缓程度把工作交由下属去办。在作出决定之前，你必须考虑很多的因素，下级对领导者授予的权力，并非都会欣然接受。

中层管理者应注意授权对象的承受能力以及如何把握适合的时间策略，只有经过精挑细选，授权才能有效地体现出结果。被选中的员工应具备以下素质：有职业道德、善于灵活机智地完成任务、有自我开创能力及协调与合作精神、有善于思考的头脑。

选择一个正确的授权对象是授权关键的一步，领导者应该将权力授予那些品德好又有能力的人。这就要求领导者在授权之前要对被授权对象进行细致的考察，包括被授权员工的特点、强项、弱势等都应该了如指掌。

选准对象，视能授权。在选择授权对象时一定要坚持德才兼备的原则，既要考察授权对象的政治素质，又要考察授权对象的实际才能。选定授权对象后，应注意根据其能力大小和个性特征适当授权。对于能力相对较强的人，宜多授一些权力，这样既可将事办好，又能培养锻炼人；对于能力相对较弱的人，不宜一下子授予重权，以免出现大的失误；对于性格明显外倾性的人，宜授权让他解决人际关系及部门之间沟通协调的事情；对于性格明显内倾性的人，宜授权他们分析和研究某些具体问题；对于黏液质和抑郁质的人，宜授权让他们处理带有持久性、细致性、严谨性的工作。这就是所谓有德无才难担重任，有才无德贻误事业，两者不可偏废。

而授权对象就是安排合适的人做合适的事情，即使最后出了问题，授权对象就是唯一的需要对事情负完全责任的人。要注意的是，在选择授权对象的时候，授权对象一定要有唯一性，否则大家都有“尚方宝剑”，到时出了问题都找不到负责的人。

把握好授权的尺度

要进行有目的的有效授权，就必须制订一个合理的授权计划。授权计划是有效授权的起始点。有效授权意味着要有计划、有步骤地给员工分配权利和责任，使员工做到权限清晰、职责明确。

计划对于授权至关重要。有效授权需要合理计划和把握好授权的尺度，计划是有效授权的保证。只有合适授权计划，员工才能更好地理解授权的目的和企业的目标，并全身心投入到工作中。有效授权必须要有一个合理的授权计划作为后盾，为授权而设立计划是有效授权得以实施的保证。如果授权无计划，授权难免会失败。因为没有计划的授权，会使员工茫然，不知所措。事实证明，没有计划的授权就像没有计划的人生， 没有方向，最后只能随波逐流。比如，北美最大的天然气资源公司美国阿莫科公司就是通过授权经营而获得成功的例子。阿莫科公司通过授权计划，首先工厂会给项目经理正式的授权书，给予他们行政管理权、财务权、技术处理权。其次项目经理依次对下面的分项目经理予以授权。在此基础上，分项目经理会给每一个项目成员具体的岗位描述，界定权力和职责。通过计划授权的实施，使员工的权利和义务平衡。

可见，被授权的员工在完成任务的过程中，领导者必须在计划范围之内给予员工一定的授权，包括资源、经费、人员以及了解信息等方面。但是领导者要清楚，当你把权力授予下属时，并不意味着任务完成的成败与你无关，领导者永远都是最终的责任者。领导者要有分寸，防止“弃权”。领导者所拥有的决策权、人事权、指挥权和监督权，在任何时候都不能放弃。

在处理中层管理者对下级进行授权的环节中一定要把握好适度原则，切不可有任何如下情形发生。

（1）琐碎小事让下级负责。中层管理者授予下属的权力一定要是实权，且必须具有重要性。

（2）授予权限不当。“度能授权”是中层管理者必须掌握的一个重要技巧，权力的授予必须有一个度的范围，权力超过了这个度，会导致量变到质变。权力如果没有达到这个度，那又等于没有被授予，而导致自己忙内忙外，工作太多，易使工作积极性受挫。

（3）权力随意收回。权力的授予，是上级对下级的一种信任，应当充分相信下属的能力，放手让他全权处理该任务中的各项问题。如果平时不注意培养下属的工作能力，一旦有突发任务，让下属贸然顶上，发现其经验能力不足后马上将其撤下，结果是对上级本身能力的一种否定，也是对下属自信心的打击，应谨慎处理此种情况。

（4）权限界定不清。许多领导因为事务缠身，对授权过程不重视，授权的全过程就是一句话："这件事交给你处理了。"然而这只是一种不负责任的授权方式，说了等于没有说，当下属遇到稍大的事情，超越了平时的权力范围，便会不知所措，又不敢再问上级，经常到事情结束后，结果跟上级想要的结果大相径庭，又被上级责备遇事不问，才会导致如此结局。

（5）害怕承担责任与竞争。许多中层管理者在授权的时候由于考虑到倘若下属出错，自己就要承担责任而不愿意授权，或者害怕下属在出色完成任务后功高盖主反夺其位。有些中层管理者认为下属承担的责任越大，所做工作越多，取得的成就就越可能超越自己，最终会对自己造成威胁，因而往往不愿意将权力授予下属。

授权是一门综合性很强的艺术，只要中层管理者把握了授权的本质要点，便可以按照自己的意愿，从容安排授权。此外，要成功运用好授权的技巧，除了了解授权的内容特点及注意事项，还必须有良好的监督反馈机制。

防止授权泛滥、权力失控

中层管理者给下属授权，必须明确哪些权力可以下授，哪些权力不能下授。中层管理者的权力保留多少，要根据不同任务的性质、不同环境和形势以及不同的下属而定。在保证工作正常运转的情况下，必须预防授权泛滥、权力失控的现象发生。

通常情况下，中层管理者应保留事关区域、部门的重大决策权，直接下属和关键部门的人事任免权，监督和协调下属工作的权力，直接下属的奖惩权。这些权力属于职能责任者工作范围内的权力，不能授出。除此之外的其他权力，则可依据情况授予适当的权力。

从实际的工作来衡量，凡是分散中层管理者精力的事务工作，上下都得支配或可分担的边际权力，以及因人因事而产生的机动权力等都可以考虑下授。任何企业或组织都有自身的发展目标，而依靠中层管理者一人是无法完成的。这时，中层管理者就应该将权利分解，才能使下属齐心协力，共同奋斗，努力实现组织的总目标。那么，中层管理者应该按照何种方法进行授权，才能避免授权的盲目性和授权失当的现象发生呢?

1. 充分授权法

中层管理者在充分授权时，应允许下级决定行动的方案，并将完成任务所必需的人、财、物等权力完全交给下属，并且允许他们自己创造条件，克服困难，完成任务。充分授权有利于下属充分发挥其工作的积极性、主动性和创造性，并能减轻主管不必要的工作负担。

2. 不充分授权法

凡是在具体工作不允许充分授权的条件下，中层管理者就应当采用不充分授权的方法。在实行不充分授权时，应该适时要求下属提出一整套完整的行动计划，经由上级审核通过后，才将执行中的部分权力授予下属。

3. 弹性授权法

中层管理者面对复杂的工作任务或对下属的能力、水平无充分把握，或环境条件多变时，采用弹性授权法。使用此种方法时，要掌握授权的范围和时间，并依据实际需要对授给下属的权力予以变动。

4. 制约授权法

中层管理者管理幅度大，任务繁重，无足够的精力实施充分授权，即可采用制约授权的方法。它是中层管理者将某项任务的职权，分解成若干部分并分别授权，使他们之间相互制约、互相钳制，以有效地防止工作中出现疏漏。制约授权是在授权之后，下属个人之间或组织之间相互制约的一种授权方式。

5. 逐渐授权法

中层管理者要做到能动授权，就要在授权前对下级进行严格考核，全面了解下级成员的德才和能力等情况。但是当中层管理者对下属的能力、特点等不完全了解，或者对完成某项工作所需的权力无先例可参考时，就应采取见机行事、逐步授权的方法。若使用此种授权方式，应该取决于当时的综合情况和工作的急缓程度，这需要中层管理者因时因地地考虑。但无论何种情况，中层管理者授权出去后，同样要对授权承担最终责任。

若想达到这点，就必须做到以下几个方面才行：

（1）严格的监控。监控是管理的五大职能之一，也是中层管理者最重要的日常工作。作为中层管理者在监控的过程中，首要解决的问题就是监控要保证执行者的工作，以免形成负面影响。

（2）标准化的考核。一般情况下，人们习惯于认为考核是一种约束，事实上这是对考核的功能的一种误解，真正合格的考核是让人看到希望并且让人产生梦想，是一种激励的补充，或者说是激励措施的一种量化形态。如果说激励给人动力，那么考核则给人希望，让人产生梦想。

（3）实时的能力把握与筛选。真正的授权要找一个具有能力、而又能行事负责的人，所谓发现不到问题是素质的问题，解决不了问题是水平的问题。

正式权力与非正式权力相结合

权力结构可分为正式权力和非正式权力，二者在有效授权过程中的作用都是不可或缺的。然而由于传统的原因，前者的重视程度往往远大于后者。其实，在现实社会中正式权力都是有限的，而非正式权力则是无限的，非正式权力的影响对领导的有效性和权威性起着决定性作用。

正式权力又称职位权力，是由领导者在组织中所处的职位决定的，是组织赋予领导者的岗位权力，它以服从为前提，具有明显的强制性。法定权主要包含决策权、组织权、指挥权、人事权和奖惩权，而且法定权力与领导者个人因素无关。

非正式权力虽然只是领导干部自身素质形成的一种自然性影响力，它既没有正式的规定，没有上下授予的形式，也没有正式权力那种形式的命令与服从的约束力，但其影响力却比正式权力影响力广泛、持久得多。非正式权力影响是由领导者的品德修养、知识水平、生活态度、情感魅力以及自己的工作实绩和表率作用等素质和行为所形成。其特点就是它具有自然性，它比正式权力影响具有更大的力量。在它的作用下，被影响者心理和行为更多的是转变为顺从和依赖关系。“其身正，不令而行，其身不正，虽令不从”，就深刻说明领导者非正式权力影响对领导的有效性和权威性起着决定性作用。

在现实生活中，潜意识运用非正式职权而取得成功的案例比比皆是：

基于个人品德与才能崛起的W. 爱德华兹·戴明（W. Edwards Deming），以强大的个人权力创造了20世纪七八十年代质量管理运动的辉煌。这场运动也成就了这位工业界的传奇人物。

乔布斯20岁时与一合伙人在其父母的车库里创建了苹果公司。在乔布斯创业后的10年，造就了一个市值20亿美元、拥有4000多名员工的大企业。尽管乔布斯取得成功的因素是多元的，但其强大的说服与影响他人的能力在其创业初期和转型过程中发挥了关键作用。创业初期，资金匮乏，他成功地说服了风险投资家为苹果公司注入资金；发展时期，他又一次次地说服董事会和雇员，适时地进行了业务拓展和转型。他创建了苹果电脑，引领了电脑时尚的新潮流；他创立了皮克斯（Pixar），拨动了娱乐业的新风向；他创造了iPod，影响了不止一代人的生活方式。

可见，个人权力、说服力、影响力等非正式权力在管理工作中作用很大。

日趋激烈的竞争使得团队合作的工作方式成为企业激发员工的聪明才智，释放他们的创造潜力，从而增强企业竞争优势的重要源泉。所以，才会有越来越多的企业领导人纷纷重塑自己的领导方式，以适应逐渐平民化的管理需求。

研华股份有限公司董事长刘克振有时会直接给分公司的销售人员打电话，就产品推广等话题进行直接探讨。接到他电话的员工表示：“董事长的电话让我感到亲切，我当然愿意将自己的想法告诉他。这种直接对话的做法让大家很受鼓舞。”

和人们印象中刻板、严厉的日本老板形象不同，佳能中国总裁兼CEO足达洋六是一个非常放松、开放的老板。他随时都会发出“我喜欢你这个人，我喜欢你所做的工作”的信号，让员工感觉到“我不是一部工作机器，而是一个有感情的人”。这种感染力产生了强烈的共鸣，激发了员工在压力之下快乐地工作。

运用非正式权力的领导方式，既适用于领导，也适用于下属。比如，“领导”上司，需要对上司施加影响时，就要考虑：是否要根据上司的工作习惯采用适当的方法？怎样明确自己的期望？如何同上司充分交流？如何在充分调研的基础上，主动针对工作中存在的问题提出不同的解决方案？

怎样有效地运用非正式权力的各种领导方式，需要结合公司的实际情况，分清在本公司运用领导力的主要方面和重要对象。在不同的条件下，针对不同的对象，所采取的领导方式就要有所区别。

王猛与张军是某高校的两位领导，王猛多年来分管后勤工作，张军多年来分管科研工作。由于年龄关系，前不久两个人都退休了。还是原来的两个人，但在生活中我们却看到了老百姓对他们的不同态度。王猛由于长期以来没有专长，唯一的爱好是善于钻营，在位时和下属的关系就不怎么好，退休后就连一个楼里住的邻居都不怎么理他。张军就不同了，尽管担任了多年的行政职务，但他的专业一直没丢，退休后正好腾出更多的时间来把自己做行政工作时没有时间钻研的东西继续做下去。同时，本地很多科研院所也来邀请他，今天搞项目鉴定，明天搞学术研讨，虽然退休了，但比当官时还要忙乎，院里的同事也很尊重他。对张军来说，在位或者不在位，对他几乎没有太大的影响。

上述现象在我们的生活中已经见得太多了，然而极少有人会去思考这个现象背后的深层原因。其实，管理学中领导者权力来源理论可以对这个现象进行科学解释，同时也能使我们得到很多启发。

现代领导理论认为，领导者的权力来源于以下五个方面：

一是法定权力。这一权力由你所处的职位决定。

二是惩罚权力。是指法定权力衍生的领导者对下属的一种物质或精神上的处罚权力。

三是奖赏权力。法定权力衍生出来的另一种权是领导者对下属进行物质或精神的奖励权，包括表扬、多发奖金、提升等。

四是专长权力。是指领导者在某一专业领域所具有的特长而获得的一种权力，这种权力与个人的专业技术水平和能力有关，与职位高低无关。

五是个人影响权力。领导者因为个人的品德、风度、气质等个人魅力而获得的一种权力，与职位高低无关。

事实上，在任何一个单位，正式权力都是有限的，因为，职位本身是有限的。但是，非正式权力是无限的，特别是个人专长权力，主要依赖于个人的专业水平，因此，非正式权力的获得更多地只能靠自己。

所以，要想做好一个领导，光从正式权力方面去努力是远远不够的。对普通人来讲，如政府机关，一般人如果混到处级干部可能就到顶了，要再上只能是凤毛麟角。但专业方面的能力和个人的影响力却可以不受职位的影响而不断扩大。

1. 牢牢掌握总目标

中层管理者授权的全部目的，就在于激励下属为实现总目标而分担更多责任。现代的任何组织，无论是企业、事业、商店、学校、机关、团体还是军事单位，都是一个多因素多层次的有机整体，整体与局部、整体与环境、局部与局部有着密切的联系，任何局部出现偏差都会妨碍整体领导目标的实现。领导者的根本任务是保证整体领导目标的实现。因此，授权以后的中层管理者，就要把精力主要放在议大事、掌握全局上，时时综观全局的各个过程，及时掌握变化中的新情况，发现领导决策和执行中出现的偏差、矛盾和问题，并对出现的偏离目标的局部现象进行协调、纠正。

2. 宽严相济，恩威并重

宽严相济强调的是：中层管理者在控制下级权力时，既不能过宽也不能过严，要宽严适度；既不能使下属轻动妄为，又不使下属束手束脚、顾虑重重；既能大胆放手，使下属有所作为，又能把握方向，宏观控制，使下属有所不为。

恩威并重强调的是：在实施控制时，既要施之以恩、施之以德、感化影响、说服指导，从而赢得部属的信赖；又要施之以威、施之以权、查验所为、奖优罚劣，使部属有敬畏之感。要做到施恩时宽宏大度，大公无私，不计前嫌；施威时正气凛然，号令如山，言必信行必果，令行禁止。诸葛亮对孟获的“七擒七纵”就是典型的恩威并重的例子。

3. 致人于前，防患于未然

兵法云：“凡先处战地而待敌者佚，后处战地而趋战者劳。故善战者，致人而不致于人。”就是说，凡先到战场等待敌人的就安逸，后到战场奔走应战的就疲劳。所以，善于指挥作战的人，能调动敌人而不被敌人调动。李靖曾说：“古代兵法千章万句，最重要的莫过于‘致人而不致于人’。”

善于控制的中层管理者，总是掌握主动，致人而不致于人。如何才能致人而不致于人呢？这就要求中层管理者必须加强前馈控制，要加强这种控制，就需对权力运行的未来进行估计和预测，并针对预测的信息情况采取相关措施。要以虞待不虞，要未雨绸缪，要在“亡羊”之前做好可能“补牢”的准备，以便防患于未然。

4. 放手不撒手

中层管理者的授权，是让下属分担责任，要放手让他们对各自职权范围内的事进行决策和处理，只有当下属不协调或发生矛盾时，领导才出面解决。但授权不是让权，授权以后中层管理者照样负有全部责任，不能撒手不管，放任自流。如果中层管理者授权是图省事，享清闲，自己当“甩手掌柜”，那就错了。中层管理者在其位，就要谋其政、行其权、负其责。

5. 对下属应多引导

下属有了职权之后，计划如何制订，工作如何安排，任务如何完成，派谁去完成，这些都是他们分内的事情，授权者不要再去过问。中层管理者要过问的是下属的目标能否如期或提前完成。中层管理者要善于发挥导向作用，根据形势的发展，为下属提供切合实际的观点、方法和措施。要多协商，少强制；多发问，少命令。中层管理者不要强迫下属做力所不能及的事情，要大力支持其工作。当他们在工作中出现失误时，中层管理者应善意地加以引导和启发，帮助其改正，绝不能多加指责。如果确实发现下属的工作有严重问题，不能履行其职责，中层管理者就要马上采取措施，或派人接管，或把权力收回。

6. 权力制约之利弊

权力制约是中层管理者控制权力的主要方法。它的最大优点在于可以限制权力的滥用，有利于克服腐败现象，即抑制权力的负向作用，保证权力的正向作用。

权力制约也有其局限性。这主要表现在：

第一，权力制约若因领导者主观原因发生偏差，容易压制权力行使者的积极性、创造性，被控者有一种被动的、强制的感觉，容易挫伤其自尊心，影响其积极性、创造性。

第二，权力制约易于使一些领导者控制的民主性得不到充分发挥。权力制约不管被控者情愿与否、理解与否、认同与否而强使之服从，如果领导者这一控制是不正确的，甚至是不正当的，那么就会影响控制的科学性。

第三，中层管理者的用人之道，任何一项事业都不是靠单个人的力量就能完成的。作为一名现代企业的中层管理者，必须掌握好人才的选拔、培育和使用的艺术，为组织未来的发展打下坚实的人才基础。用对人，开展工作便得心应手；用错人，管理起来便处处掣肘。把人管顺了，士气高昂；

把人管死了，情绪低落。因此，用人之道是中层管理者必须娴熟于心的基本功。

授权并不意味着推卸责任

在给下属授权时，工作的责任该如何处理？不同的中层管理者可能会有不同的看法。有的领导认为，责任应该由接受任务的下属来承担，这样才能激励下属更加负责、更加认真地工作。不错，是应该这样。但是，授权并不意味着领导就不需要承担责任，相反，如果下级在工作中出了问题，下级要承担责任，中层管理者自己也负有责任，不能推卸责任而只处罚下级。“士卒犯罪，过及主帅”就是这个道理。可见授权不是卸责，更不是撒手不管，中层管理者将权力下授，但同时也必须承担责任，这才是真正的运权之道。此外，还有一种更好的处理方法：把权力和责任分开，当你把权力授予下属时，责任仍旧由你承担。总之，你不能推卸掉责任。

授权只是意味着一种管理方式和工作方式的转变，并不意味着中层管理者工作责任的推卸。更确切地讲，真正意义的授权，只是把一部分权力分散给员工，而不是把与权力同时存在的责任也分散下去。比如，当你把几项决策权授予员工，让他们在允许的范围内独立决策时，虽然如何决策是由员工负责，但是相应的责任你也必须承担。

对于中层管理者来说，这份责任是永远都不能推卸的。对员工们安排任务和对员工们最终的行为承担责任，是完全不同的两码事。举个简单的例子，就好像饭店经理必须依靠厨师来搞好饮食供应，但是经理仍然要对饭店的饮食承担最后的责任。中层管理者要想使授权取得预期的效果，必须深谙权力和责任的区别和联系。

在20世纪80年代中期的一项调查中，克莱斯勒汽车公司的总裁艾柯卡被人们称为“近年来成功领导企业的最佳典范”。艾柯卡管理克莱斯勒汽车公司的成功经验，使他成为全球企业界的风云人物，直到今天他的魅力丝毫不减。然而，这一切是如何取得的呢?

除了敢于、善于授权外，还因为艾柯卡是一个具有自我牺牲精神的领导，每次对员工的授权出现问题时，他都会主动承担责任。当然，他这样做也为自己招来了很多不必要的麻烦，但是他却一直坚持着。于是到最后，在他手下就形成了一个高度团结的工作团队，他们在接受工作任务时不囿于既有的规范，敢于创新、敢于行动，因为他们有一个能够主动承担责任的领导。正因如此，艾柯卡取得了让许多人羡慕的成绩，成为一个让下属爱戴、尊敬的领导者。

所以，作为中层管理者，你应该记住：被授权的员工在执行的过程中如果出现失误，那么这个错误也必须同时记在你的账上，而不能让该员工独自承担。如果你一方面授权，另一方面又不愿意代员工受过，那么结局也许只有一个，就是授权失败。深谙权力运行之道的领导者是不会这样做的。

正如著名的管理学家史罗马所指出：“实施授权之后，领导者所减少的只能是工作量，而肩上的担子绝不能因此而减轻，相反，它只会加重。”可见，授权所能带来的只是工作内容的改变，而作为一名中层管理者，你对所有的工作——无论是授出的还是未授出的——都负有同样的责任。你应该抱着这种责任感，对员工进行随时指导、考核以及监督，发现偏差时应及时引导和纠正，避免出现错误。

权力就意味着责任，授权之后就推卸掉责任的中层管理者，总有一天会被权力抛弃。

本章小结： 虽然中层管理者的权力有限，但成功的中层管理者无一不是擅长分解权力的授权高手。通过合理的授权，来实现自己的“分身之术”；通过合理的授权，使自己重在把握大局，轻于具体事务，能够有更多的时间和精力去抓大事，控全局。同时，合理授权还能有效地调动下属的积极性、能动性和创造性，激发下属干劲，增强下属才干，从而提高领导效率。

第九章　岗位分内事，力求高品质

战略落地的执行转化者

为什么企业有了诱人的愿景、宏大的目标、完美无缺的战略却总像是海市蜃楼？为什么事必躬亲反而事与愿违？许许多多国内企业的失败不是愿景、目标与战略，而是战略的执行转化！执行转化是解决战略目标落地强有力的保障。业绩良好的公司一定是在战略落实的环节中找到了方法和手段。企业要想使自身的发展速度越来越快、服务的水准不断提高、企业的规模不断扩大，除了企业的决策层要不断善于捕捉发展机遇、制定出好的战略之外，关键是中层管理人员如何提升执行转化力，使战略落地战术精进，管理者是企业战略落地的执行转化者。

中层管理干部是企业人才的中坚力量，而企业经营与发展状况的好坏与这些管理者的自身素质和领导才能息息相关。中层人员是企业战略的执行者，是战术决策的制定者，是高层管理实现控制的纽带，在上传下达之间，将战略执行转化战术落地。一个公司能保持持续发展和改革达到更高的业绩关键的因素不在于高级管理者，而在于企业是否拥有一批懂经营、会管理、善沟通、愿拼搏、踏踏实实、公道正派、廉洁勤政、求真务实的管理者。

组织的总目标是靠众多的亚目标协调运行实现的。这就要求各个系统亚组织的领导者既要有全局和系统的眼光，又要在这种通盘考虑的前提下保持自己本部门的良性运行。从这个意义上讲，中层管理人员执行转化能力的发挥，对企业经营活动成败起着至关重要的作用。企业的生产经营活动离不开中层管理人员的努力和贡献，组建一支优秀的中层管理人员队伍等于为企业树立起了坚实的中流砥柱。因此，发挥管理者的效能对于一个企业的生存和发展来说至关重要。

究其企业管理者的执行转化不利的原因分析，在企业中领导的想法往往只能代表自己，通常和员工所想的不太一致，两者的出发点往往不能得到有效的统一。执行力缺失使管理者的所有工作都会变成一纸空文或一场空谈。世界零售巨头沃尔玛是由最先的一间零售铺面逐渐发展为国际连锁店，并由大到强，通过卓越的管理团队和优质的服务逐渐拉大和竞争对手的差距。而一些执行力较差的企业大多通常会存在这样的“通病”，那就是不少管理者乐于做决定、布置任务并踊跃地发表自己的意见制订出计划，可在执行计划和落实实际行动的环节上却打了折扣，令计划和战略只是一纸空文落不到实处。

管理者如何提升执行转化，确保企业战略落地，以下几个方面值得管理者精细布置，完整落实。

1. 明确信息公示机制

企业中层级制的管理体制决定了企业信息传递方式沿着层级逐级传递的形式。而信息在多级传递中，很容易受到其他客观因素的影响，而到达终端时就会产生失真甚至丢失，特别是层次设置较多的大企业内部信息沟通所经过的环节越多，失真的程度就越严重。比如，高层管理部门需要中层管理部门向下级传达他们的决策信息，这个信息传达的过程实际上也是对信息进行解码再传递的过程。因而，倘若管理者对上级需要传达的信息领会有偏差，继而接下来的信息传递就会有很多出入。建立一套预防信息传递失真或丢失的信息公示机制，是确保执行转化的第一步。如何公示？何时公示？通过什么工具公示？如何确保公示到位？管理者必须实现信息公示机制思路系统化，执行流程化。企业通常的做法是通过会议或邮件，会议和邮件后如何确保公示有效就成了遗留问题。会议如何设置，邮件如何跟踪，都是执行转化中要细致管理的节点。管理会议确定信息，员工会议公示信息，项目会议明确职责，将会议设置为针对直接信息受众者服务，提高信息传递有效性；重要信息，除了邮件公示，还可以书面公示、口头提示、短信通知、确定信息反馈等多种工具和途径追踪确保信息传递有效到位。

2. 确保执行计划可行性

方案计划的设立没有根据现实来制订因而缺乏可操作性。另外，在方案制订过程中，对意外情况缺乏准备和设想，导致执行过程中必须反复请示，由此延缓了落实的进度。如同项目管控，清晰明确风险管理，经验库管理，找到关键路径，关键节点，整个执行计划是否可行，就能实现客观分析评估；加入工具管理，如甘特图、鱼骨图的应用，可以立体化呈现出计划的执行时间表，管理者通过对应时间、对应进度、对应成果，判定计划执行可行性的同时，预估计划的未知风险，前瞻性做好应对准备和执行预案。

3. 落实人员职责明细

内部分工不明确，界定不清晰，每个管理者所负责的责任不明确和具体，以致企业高层的意图在中下层传递和贯彻时没有对应落实的责任人。这种问题普遍存在于许多大中型企业中，但是因其根子较深涉及部门冲突乃至利益划分等问题也不容易被公开提出来。我们常说“一个事情多人都在负责，最后就是没人负责”，这并不说传说，是确实存在或长期存在的。

作为执行转化者的中层，就必须以对事情负责的角度，落实明细职责，落实到具体事件、具体时间、对应人员以及对应反馈机制。

4. 明确计划奖惩机制

企业内部作风涣散，机制不健全，导致员工工作好坏没有一个具体的评价标准，缺乏相应的奖惩制度，由此使得执行文化得不到建立、稳固和弘扬。

再高远的战略没有务实的执行转化落地，就是水上浮萍。管理者作为企业战略转化的现实责任人，企业战略落地的关键执行层，时刻都要明确几个永恒的关键词：务实，转化，执行，落地。

具体目标的关键执行者

曾有人做过一个实验：组织三组人，让他们分别向十千米以外的三个目标村子步行。

第一组的人不知道村庄的名字，也不知道路程有多远，只告诉他们跟着向导走就是。刚走了两三千米就有人叫苦，走了一半时有人几乎愤怒了，他们抱怨为什么要走这么远，何时才能走到，有人甚至坐在路边不愿走了，越往后走他们的情绪越低落。

第二组的人知道村庄的名字和路程，但路边没有里程碑，他们只能凭经验估计行程时间和距离。走到一半的时候大多数人就想知道他们已经走了多远，比较有经验的人说：“大概走了一半的路程。”于是大家又簇拥着向前走，当走到全程的3/4时，大家情绪低落，觉得疲惫不堪，而路程似乎还很长，当有人说：“快到了！”大家又振作起来加快了步伐。

第三组的人不仅知道村子的名字、路程，而且公路上每一千米就有一块里程碑，人们边走边看里程碑，每缩短一千米大家便有一小阵的快乐。行程中他们用歌声和笑声来消除疲劳，情绪一直很高涨，所以很快就到达了目的地。

当人们的行动有明确的目标，并且把自己的行动与目标不断加以对照，清楚地知道自己的进行速度和与目标相距的距离时，行动的动机就会得到维持和加强，人就会自觉地克服一切困难，努力达到目标。

有人很形象地比喻他们老板的目标，“我们老板的目标是一个移动靶，他给了我一个目标，我刚往这儿跑了，他又移到另外一个地方了，没几天他又变方向了，我们就在不停地追他的目标。”有些人还说，“现在不仅是移动靶，简直是飞靶，我们根本不知道下一步它会往哪儿变，假如是导弹发射，我们还可以计算一个抛物线的轨迹，提前做点准备，但我们老板的目标变化一点轨迹都没有，这靶你说怎么打。”

明确的目标就是指引员工执行的灯塔，有了它，执行航船才能满载货物靠岸。所谓明确就是要用具体的语言清楚地说明要达成的执行目标。在企业中，目标不明确最常见的情况是有总体的目标，没有具体的目标。比如，企业谈得最多的就是明年的销售额再增长到5000万元还是5个亿、利润要达到多少多少，却没有规划过具体的目标，如成本如何控制、销售费用如何投放、营销部门是要增加人员还是通过培训来提高人员的水平，这都没有具体的方向。说白了，这种目标完全是一种口号式的目标，没法具体指导企业的工作。

只有企业目标明确，中层管理者才可以展开有效的执行管理工作，他必须依据目标才能拟订计划，因为目标是计划存在的前提、目标是计划的根本内容。只有在目标确定以后，才能拟订实现目标的具体措施，规定达成目标的具体时间，制定考核目标的标准。

明确的目标为员工的执行活动指明了方向，而且提供了标准，使员工在实现执行目标的过程中清楚懂得自己应该做什么、应该怎样做，并能准确评价自己做得怎么样，这样便实现了员工的自我控制和自主管理。

而作为中层管理者，当上司给你确定目标的时候，你作为一个部门的领导，应该明确：完成这些目标，你们会遇到哪些困难，为解决这些困难，需要哪些资源和条件，要提前做什么样的工作？为实现目标，执行过程需要多长时间？执行明细步骤是怎么样的？作为关键执行者，必须具备目标转化的前瞻性思维和能力。

目标管理就是设定目标，关注结果。但每一个目标的实现都要有一个过程，需要很多资源和条件，所以谈目标，一定要谈条件约束。什么样的条件达成什么样的目标，如果事先不约束条件，大家来谈这个目标根本就没有意义。

一个企业的老总，年初的时候他跟人力资源部的经理说，你把公司的考核制度重新修订一下，这项工作作为人力资源部的目标，写到2014年度的工作计划中去，但是他却没有说考核制度修订的标准是什么。结果，人力资源部经理根本就没有这个能力修订考核制度，修订一遍，老总不满意，又修订一遍，老总还是不满意……最后，耽误了各级经理为自己的下属考核。执行目标自然没有完成。所以，在开始设定目标的时候，必须明确目标所要达到的标准是什么，同时，还要考虑到，要完成这个目标，需要什么样的知识技能。

另外，制定目标的时候，和相关部门提前沟通也非常重要。在企业中，每个部门的职能不同，因此，各部门所属的执行目标也会有所不同。然而，作为同一企业下的不同部门之间又存在着相互依存、互相支持的关系。因此，在制定执行目标时，进行有效的跨部门、跨职能沟通，通过目标对话的方式，使大家了解互相的需求，不仅有利于制定出一个明确的执行目标，更可以营造一个良好的工作氛围，提高工作效率。

对于一个中层管理者来说，首先，应该多了解其他部门的业务运作情况，多从其他部门的角度考虑问题，要理解其他部门的难处。其次，应该注意的是会议沟通。部门间需要沟通的较为敏感问题，最好能在会议前私下解决，迫不得已需要在会议上讨论的，也应该先通气。此外，在会上的沟通，“沉默未必是金”，该说的话还是要说出来，讨论时尽量以解决问题为主。

当然，一个企业的工作是千头万绪的，企业越大，业务越繁忙，中层管理者面临的挑战也就越多，他需要解决的问题也就越多，这时他确立目标不可能面面俱到，无所不包，而是需要明确工作重心，抓住主要矛盾，把那些突出问题，定作目标，并选准一个有效的突破口，集中全力向这个目标努力执行。

那么，应该怎样找出关键点并确立目标呢？关键点的选择必须要抓住主要矛盾，要能收到牵一发而动全身的效果。有时是选择对全局有决定意义或重大影响的关键点，这些关键点或者可以为企业带来良好的声誉，获得顾客的信任，从而增加销售量；或者对企业降低成本，提高生产效率至关重要。有时是选择重点项目和重点单位为关键点制定目标。

在实际工作中，要想制定明确目标，应该避免一些陷阱：

1. 不要制定高不可攀的目标

那些高不可攀的目标无法激励员工的士气，反而会使员工泄气。最佳的目标是适当偏高一些，好的目标就像跳起来够树上的柿子，使劲努力一把就能够得着，而不是夜空中的月亮和星星。

2. 不要制定过低的目标

不要低估执行团队成员的潜力，他们有能力完成得比现在更好。如果目标制定得过低，就像柿子太低，不需要跳就够得着，这也不是一个有挑战性的目标。

3. 不要用过多的文字或数字，让人感觉很难记得住

一个好的目标应该是简洁可操作，并且要集中到关键的领域。

4. 不要保密

目标定出来了以后，一定要通过各种渠道，如会议、个别沟通、张贴公告等各种形式让所有的执行团队成员都知道并明确目标的重要性。中层管理者必须成为关键执行者，发起跟进整个目标实现的实施过程，执行到位，为过程和结果负责。每位中层管理者都必须具备高品质执行力：认真对待所有事情，并高品质协同或完成，为最佳执行力！

知晓项目发展方向，不急功近利

有一位中层管理者，老板十分信任他，给了他足够的人事权和财权，但在他担任中层管理者的这几年中，却绩效平平，没有做出什么成绩，其能力受到了质疑，最终黯然离去。

纵观他这几年在领导岗位上的种种举措，只能用“杂乱无章”四个字来形容：公司指导方针一年数变；区域营销人员数月一换；代理商队伍几年间换了一茬。是什么原因促使他犯下如此多的错误呢？笔者认为，这主要是因为他太急功近利了，而忽略了做管理工作是需要稳定和坚持的道理。

上面的这位中层管理者是一个比较极端的例子，虽然这种情况在现实中比较少见，但我们也可以看到，不少中层管理者也会或多或少地犯下这些错误，而给自己辉煌的职业生涯中抹上一笔不光彩的暗点。

什么是急功近利，什么又是深谋远虑。前者只考虑眼前利益，通俗些讲就是只顾眼前，不虑长远，而深谋远虑则是思考问题周密细致，起码就是说要考虑他身后相当长一段时间将要发生的事情，并考虑了相应的对策，

以便在不久的将来事情来临时能够从容对应。

战略管理的观点要求企业不能好高骛远，在收入支撑不足时盲目大举扩张；也要求企业未雨绸缪，居安思危，谋划长远。通过“现金业务”“增长业务”和“种子业务”的交替布局，同时绘制企业的“生存和发展曲线”。

企业的战略决策往往基于诸多假设条件之上，而战略一旦制定出来，在执行过程中，这些假设条件，或者说战略信息又会不断发生变化，同时还会产生很多新的战略信息。这些信息自然而然应成为战略调整的重要信息。但在大多数民营企业而言，决策假设信息（排除直觉）多数并没有显性化，其来源多是高层在各种场合听来的片言之语，猛然的灵感触发，对战略实施的过程绩效也没有实时监控。自然也就出现“战略多变为战术”，不断“灵活”调整的局面。

比如同样是销售图书，一家书店死守价格不降价，认为降了价可是损害了他的利益，让他少收多少钱；而另一家则采取灵活的价格策略，该降价就降价，结果把大多数顾客都拉到了他那边。有些图书是季节性图书，时效性强，一过期连废纸都不如，结果第一家损失惨重。还有，出租光盘，一家死搬价格不敢松手，认为这可是他的收入；另一家则是灵活经营，把租光盘变成了发展社会关系的一种手段，结果用发展起来的社会关系挣到了更多的钱。很显然，急功近利在这里害人不浅，而采用谋略更能拓开更大的发展空间。

因此说，凡事还应当深谋远虑，万万不能急功近利。

美国的一个摄制组，想拍一部中国农民生活的纪录片。于是他们来到中国某地农村，找到一个柿子经销商，说要买他 1000 个柿子，请他把这些柿子从树上摘下来，并演示一下储存的过程，谈好的价钱是 1000 个柿子给 20 美元。柿农很高兴地同意了。于是他找来一个帮手，一人爬到柿子树上，用绑有弯钩的长杆，看准长得好的柿子用劲一拧，柿子就掉了下来。下面的一个人就从草丛里把柿子找了出来，捡到一个竹筐里。柿子不断地掉下来，滚得到处都是。下面的人则手脚飞快地把它们不断地捡到竹筐里，同时还不忘高声大嗓地和树上的人拉着家常。在一边的美国人觉得这很有趣，自然全都拍了下来。接着又拍了他们储存柿子的过程。美国人付了钱就准备离开，那位收了钱的柿农却一把拉住他们说："你们怎么不把买的柿子带走呢？"美国人说不好带，也不需要带，他们买这些柿子的目的已经达到了，这些柿子还是请他自己留着。"天底下哪有这样便宜的事情呢？"那位柿农心里想。看着美国人远去的背影，柿农摇摇头感叹道："没想到世界上还有这样的傻瓜！"

那位柿农不知道，他的1000个柿子虽然原地没动就卖了20美元，但那几位美国人拍的他们采摘和储存柿子的纪录片，拿到美国去却可以卖更多更多的钱。他也不知道，在那几个美国人眼里，他的那些柿子并不值钱，值钱的是他们的那种独特有趣的采摘、储存柿子的生产生活方式。柿农的蝇头小利比起那几个美国人的大利益来说实在不算什么。

中层管理者如何避免急功近利呢？急功近利是中层管理者的通病，其实要克服也很简单。最重要的就是要转变自己的急功近利的思想，因为企业长久持续的发展才是老板的目标。

1. 以企稳为第一要务

你可以更换其中不适合工作岗位的员工，但是不能搞得人心惶惶。与他们加强沟通，有一个相对稳定的内部环境，你才能专心地去进行你的工作，而不用担心从背后射来的暗箭。

2. 信任下属，给他们一定的授权

一个人就是浑身是铁，能打几根钉？一个篱笆三个桩，一个好汉三个帮。有能力、有责任心的下属是你成功的保证，他们的能力和责任从何而来？就是你的授权。当你把部分权力下放之后，你也就能从烦冗的杂事中解脱出来。另外，要注重发挥众人的智慧。尺有所短，寸有所长，众人拾柴才能火焰高，同事们的意见很有可能就是你所没有考虑到的地方。改变个人单打独斗的习惯，团队作战才能决定战斗的胜负。

3. 贵在坚持

制订好公司的长远计划，就要坚持执行下去。然后根据这个长远目标来制定短期目标，避免随时的变更。当然，根据市场情况临时做一些小的调整是有必要的。

4. 减少不必要的犹豫和论证

时机不等人，万无一失的准备只是理论上可行，而实际上是不可能行得通的，因为市场信息瞬息万变，包治百病的万能药是没有的。只有在行动中根据实际情况进行调整，拿出你的魄力，相信你的能力，相信你的团队，你们会做得更好！

在企业的投资构成中，我们的决策者是像文中的柿农一样只看到眼前的比较直接的“小利益”，还是能把眼光放长远一些，发现更大，但可能比较隐蔽的“大利益”呢？ 识时务者为俊杰。一件事情，重要的不是现在怎样，而是将来会怎样。要看到事物的将来，就必须有高远的眼光。看清了它的将来，坚定不移地去做，事业就已经成功了一半。 明智的人总会在放弃微小利益的同时，获得更大的利益。

中层管理者的七种角色错位

作为一名中层经理，在企业经常出现错位现象，由于这些错位，影响了很多中层自己在企业作用的发挥，自己做了很多事情，却没有得到别人应有的评价和肯定。

1. 错位一：民意代表

有些中层，往往把自己错位成民意代表，当公司制度推行时，工作与下面员工的意见和想法不一致的时候，以民意代表身份出现，代表自己部门的群众意见，要和上司谈一谈。这个时候，很多中层经理主观愿望是良好的，关心下属，替下属向上级反映情况，反映来自基层员工的呼声，但是，由于没有正确认知自己的角色，发生角色错位，结果没有很好地履行自己的职责。

作为职务代理人和上司的“替身”，对于来自群众的呼声，在代表公司利益予以解释或者予以说明。你不应该是一个“二传手”，当你的下属跟你说公司考核办法不合理时，你不应该作为同情者，跟着一块骂，表示同情，或者说保持沉默，而应代表公司解释。

2. 错位二：向上错位

一些中层经理常出现一种向上错位的倾向。自己的“一亩三分地”没有经营好，本职工作没有做好，操一些属于高层的心。有些中层常在下面议论，公司高层最近怎么样了，董事会最近怎么样了，等等，公司制度出台的时候，他们就会议论哪里不合理，天天瞎操心，替古人担忧，替上司操心……

作为一名中层经理应知道一个基本原则，就是“位置决定观点”“屁股决定脑袋”，有道是：在其位，谋其政，坐在什么位置上，说什么位置上的话，办什么位置上的事。超出职权范围的事情，没有权力随便地议论，该沉默时则沉默。

作为中层经理，不能超越自己的职责和权限，去说不该说的话，去做不该做的事，不要私下随便议论，评头论足。即使真的有想法和建议，应该通过正常的渠道，尽自己的本分。

3. 错位三:“自由人”

把自己等同于一个“自由人”,不管在什么场合,针对一些下属,想议论谁就议论谁,想说谁就说谁,口无遮拦,随心所欲。

中层经理是“职务代言人”,是上司的“替身”,一言一行,一举一动,都是职务行为,而非个人行为,不能等同于一个“自由人”。

4. 错位四:业务员、技术专才

因为大多数中层经理都是专业出身,有的从事销售,有的从事技术,因为业绩突出、上进心强,所以被提拔到中层经理岗位上,但不少人还把自己定位在以前的专业,如业务员、技术员等,习惯做自己喜欢做的事,而不是必须做的事;不会把任务工作分解给下属去做,科学、合理地安排给下属,使“人尽其才,物尽其用”。结果把自己累得要死,而下属则闲着没事可干,这也是角色错位之一,这样的人是业务高手,“超人”,但却不是个合格的中层经理。

5. 错位五:事必躬亲,亲力亲为

中层经理大多是做专业的基层员工出身,习惯于自己做事、做业务,所以事无巨细,事必躬亲,亲力亲为。一是不习惯或没有意识到安排别人去做,把工作分派给下属共同去做;二是不知道如何安排,没有分派下属工作的技巧,安排下属去做,得花费30分钟时间,自己去做,5分钟就搞定,有安排交代的时间自己三下五除二早做完了;三是下属不听话怎么办,不是自找没趣,太费劲了,还得花时间指导;四是万一做砸怎么办,“掉地上”终究得自己“替下属擦屁股”,算了,还是自己做吧。

6. 错位六:和事老,老好人

一名管理人员,之所以区别于普通员工,最关键的是坚持原则。不能当“老好人”,尤其是当下属发生冲突的时候更是如此,不能“和稀泥”,不讲原则。

“人之初，性本善”，被提拔到中层做经理的德行操守都很好，都是好人。但作为中层管理者有时要学会做“恶人”，“下狠心”，有时要对下属“残忍”、苛刻些，严格按照公司规章制度、工艺流程去执行，来不得半点马虎。“严是爱，松是害”，当发生冲突的时候坚持原则，不能以牺牲原则为代价。

公司的规章制度是企业的法律，任何人都不能逾越，它是公司的底线。无原则的老好人，以牺牲公司的利益作为代价，是个不合格的中层经理。

7. 错位七：官僚主义

以为做中层经理就是做“官”了，高高在上，摆官架子，耍派头，“我是干部，我是官，怎么还用我亲自动手”。在下面检查工作，背着手，挺着胸，鼻孔朝上；和员工说话拿着腔调，官腔十足；并且要让员工害怕自己，建立自己的“权威”，天天绷着脸，不苟言笑；要和员工保持一定距离，不能走得太近，更不能打成一片。

“官味十足”，见了上级领导低头哈腰，见了下属员工背手挺胸。中层经理是做事的主管，而非“官”，身处生产和市场一线，很多事必须和员工打成一片。如果要“官僚主义”肯定会把自己孤立起来，不了解真实情况，会陷入对自己不利的状态，其结果可想而知。

本章小结： 企业领导进行企业经营战略的构想，往往需要具体执行者去实现。中层管理者首当其冲成为战略到目标的关键转化群体。所以，中层如何在岗位本身职责内发挥高品质管事能力，产生高绩效的管理价值，也就体现中层管理者的职业价值。高效管理，角色定位，中层经理将名副其实成为企业竞争力的核心。

第十章　正确管事，提高做事效率

既管量又保质，中层经理要有高绩效思维

在德鲁克的著作《卓有成效的中层管理者》中，他用了整本书的篇幅，阐述了中层管理者首先要对有效性负责。

德鲁克告诉我们：管理层只能以其创造的经济成果来证明自己存在的必要与权威性。这句话，无疑给所有的中层管理者都敲响了警钟，它时时刻刻告诉我们：一流中层必须有高绩效思维！第二次世界大战时期发生的一个故事，最能说明这个问题。

第二次世界大战时，苏联军队准备在利沃夫方向实施重点突击。为了转移德军的视线，减轻苏军在主要突击方向上的压力，苏军几个集团军的指挥官在一起商讨把敌军从主攻方向上调离，以分散敌人的兵力部署。

围着长会议桌，指挥官们提出了一个又一个方案，可是由于种种原因，一个接一个的方案都被否决了。最后，少校瓦里特献计道："我只需 30 个士兵和 30 辆汽车就足够了。"当瓦里特少校轻声地这么一讲，许多指挥官们都向他投来了怀疑的目光。可是，当他把自己的具体方案陈述完毕后，大家又都觉得可行了。第二天晚上，德军的夜间侦察机在斯塔尼斯拉夫地区，突然发现了一支悄悄行动着的苏联军队。于是，侦察飞行员把侦

查结果报告了上级。上级命令：紧密侦查该地区。第三天、第四天晚上，侦察机加强了对斯塔尼斯拉夫地区的侦察。几天来的侦察表明，苏军部队的确在秘密进行转移。情报自然汇总到了德军指挥部。指挥官们立刻召开了敌情分析会，大家一致得出结论：斯塔尼斯拉夫地区一定是苏军的主攻口，必须进行重点防御。很快，在利沃夫地区执行防御任务的一个德军坦克师和一个步兵师接到命令，调往斯塔尼斯拉夫地区布防。

但是实际上，他们被瓦里特牵着鼻子走了。因为瓦里特的方案是：仅仅派十八集团军的30个士兵，组成两个15人的小分队，各带手电筒，并分乘汽车，模拟了机械化部队利用夜晚向集中地域开进的动作。当德军侦察机出现时，他们向天空打开所有的手电，吸引飞机的视线，而当德机飞临“行军纵队”上空时，又故意全部熄灭手电，以给敌机一种躲避对方侦察的错觉。德机飞过后，“行军纵队”再一齐打开手电，继续模拟机械化部队的开进动作。如此这般的几个回合，德军果然中了圈套。

用30个人就成功牵制了德军两个师，不得不说是一笔本小利大的买卖。在市场经济和知识经济的新时代，高绩效越来越被组织和领导者所重视。那么，是否能以最低的投入，换取最有效率的结果，将是领导考察一个下属是否合格、是否有发展前途的最重要标准。中国有句俗语：“兵熊熊一个，将熊熊一窝。”

一位中层管理者，更多的是承担着一个团队的成败荣辱，因此，他不仅扮演着领头羊的角色，更扮演着指挥家的角色。领头羊是身先士卒的，路上有荆棘，它会第一个为群羊开道；前面有岔路，它会凭经验作选择。正因为它永远站在第一线，所以是最具威望的。指挥家是善于作战的，他必是高屋建瓴，看清大局，即使面对千军万马，也从容不迫，指挥若定。因此，一流的中层管理者，既是领头羊，更是指挥家。

参与细节，不做甩手掌柜

作为一名中层管理者，要想把事情做好，提高工作效率，就必须注重细节管理。

上海巨人网络科技有限公司的CEO——史玉柱，在《赢在中国》点评选手时，就已经很明确地说出了中层管理者要注重细节管理的观点。他是这样说的："现在的时代，战略正确之后细节是决定因素，有很多细节处理不好，你的战略正确了也会失败，或者该做大的也没有做大 ，就失去了机会。找不到其他问题，我只能在这上面做了。挑不着，我只能提示你，在细节上要特别注意。你现在实际上面临一个爬坡的时候，爬得好，可能爬得很大；爬得不好，就停在现有规模上。你现在应该面临着将要爬大坡的时候，所以我提醒你注意细节，从研发、生产、营销、管理上面，方方面面的细节，需要注意的细节非常多。你作为一把手，你应该能发现哪些细节是最关键的，并亲自抓最关键部位的细节。我过去是这样做的，我觉得这么做往往会成功，这不是做广告，像《征途》，我只抓市场调研，我自己搞，其他事一点也不管，这个细节非常重要。你也要找一个最重要的决定性环节的细节，自己亲自去抓。"

试想一下，史玉柱作为一家企业的领导人对于细节的管理都如此重视，而作为企业战略与目标的关键执行者又有什么理由对此忽略呢？如果说领导的一般法则是科学，那么，对细节的管理就是艺术，企业处理细节的能力就形成企业管理的能力。在我们的身边，有很多的企业，它们之所以失败，其问题并非出现在高层的战略规划。事实上，有不少的企业战略规划做得很好、很科学，既然如此为什么还是难以得到较好的发展呢？一句话，还是在于中层管理者在细节管理上出现了问题，对此有所忽略。

为什么这么说呢？我们还是来看看企业高层与中层职责之间的区别吧！打一个比方，就像是建房子。高层所做的是设计图纸，要建造一座什么样的房子。而中层却是按照高层的图纸如何去指挥建筑工人把房子简化。高层是规划，中层是具体的实施者。在实施的过程中，必然会出现这样或者那样的问题，这些问题在很多的时候看起来很小，但必须要解决，不解决的话就即有可能导致房子不能建好。谁来解决这一问题呢？毫无疑问，责任在中层管理者，因为他们是除了具体执行的员工外，对于整个项目最直接的接触者，除此之外，员工还是在他们的指导和管理下执行的，员工在执行的过程中出现问题，第一个想要汇报的对象就是他们。

作为中层，他们的责任不就是如此吗？对于一个企业来说，要想得到长足的发展，不就是需要将上层的战略目标落实到位，把事情尽力做好吗？！如何才能做好呢？就必须注重细节，注重细节管理。

那些看似琐碎、简单的事情，却往往是最容易被忽略，也是最容易错漏百出的。所以，无论企业也好，个人也好，无论有怎样辉煌的目标，如果在某一个环节链上，某一个细节处理上不能够到位，都会被搁浅，而导致最终的失败。“大处着眼，小处着手”，才能达到管理的最高境界。

海尔总裁张瑞敏先生在比较中日两个民族的认真精神时曾说：如果让一个日本人每天擦桌子六次，日本人会不折不扣地执行，每天都会坚持擦六次；可是如果让一个中国人去做，那么他在第一天可能擦六遍，第二天可能擦六遍，但到了第三天，可能就会擦五遍、四遍甚至三遍，到后来，就不了了之。有鉴于此，他表示：把每一件简单的事做好就是不简单；把每一件平凡的事做好就是不平凡。

与日本人的认真、精细比较起来，中国人确实有大而化之、马马虎虎的毛病，以致社会上“差不多”先生比比皆是，好像、几乎、似乎、将近、大约、大体、大致、大概、大概其等，成了“差不多”先生的常用词。就在这些词汇一再使用的同时，生产线上的次品出来了，矿山上的事故频频发生了，社会上违章、犯纪、不讲原则的事情也是屡禁不止。

美国质量管理专家菲利普·克劳斯比曾说：“一个由数以百万计的个人行动所构成的公司经不起其中1%或2%的行动偏离正轨。”细节决定成败。注重细节、把小事做细是一个比较难的事。所以，无论是做人、做事、做领导，还是管理，都要注重细节，从小事做起。我们的古人就提倡“天下大事，必作于细；天下难事，必成于易”。

其实不管怎么说，作为企业中层的管理者，在日常的工作中一定不能忽略掉工作中的细节，一定要注重工作中的细节管理。像这样做，不仅仅是自我素质修养的一种表现，同样是对下属员工的一种约束，是确保企业战略目标得以执行到位的保障。

以身作则，令出必行

李嘉诚曾经说到，企业领导人的一言一行，一举一动，无不被员工看在眼里，对员工的行为施加影响。领导要求员工做到的，领导必须首先做到；领导禁止员工去做的，领导也必须首先禁止，这一点对于中层管理者尤其重要。因为，企业的中层管理者是企业规章制度的推行者、执行者和培训者。这就要求我们管理人员在管理下属的同时更应该严格地要求自己，要以身作则。

正如古人所说的“其身正，不令而行；其身不正，虽令不从”。作为中层管理者要想日常的工作得到顺利开展，就必须严格地要求自己，起好带头表率作用，才能服众。说得更简单一些，只有管理者自己能够做到的事情，要求下属去做，下属才能做到。想想看，一个连自己都管理不好的人，有什么资格去对他人说三道四呢？

孔均，在经过几年的辛苦奋斗后，终于在前不久的一次人事调动中被提拔到部门主管的位置。此时的他不知道是怎么回事竟然生出了一种优越感，觉得自己不再是普通的员工，可以享受一点点的特权。于是，他经常会在工作时迟到或者早退，要么就是把自己关在办公室内跟网友聊QQ。

一句话，孔均在此时完完全全地放松了对自己的要求，对于公司的一些规章制度视而不见。可是他没有想到的是，他所做的一切都被下属看在眼里。一些员工便纷纷开始效仿，使得这个原本充满上进心的团队失去了原有的积极性和战斗力。为此，领导多次批评他，并问他到底能不能干好，如果干不好的话，趁早别干了。

受到领导批评的孔均也意识到了问题的严重，便开始着手对自我的团队进行管理。然而令他意想不到的是，就当他在批评下属的时候，不知道谁说了这样一句话："说的倒是挺好听的，也不看看自己做了些什么。"

要想管理好一个团队，依靠的并不仅仅是职权，而是在于管理者本身是否管理好了自己。像孔均这样缺乏对自我管理，不能管理好自我的中层来说，他们是很难带好自己的队伍的。因为作为管理者自我都没有做到，在管理他人的时候他人能信服吗？即便在当时对方嘴里面没有说什么，心里面也是不服气的。你所有的命令，所指示的任何事，他们都会在执行的时候打上折扣。

我们都知道水只有烧到100摄氏度才能称之为开水，而工作只有落到实处才能起到真正的作用。试想一下，像这样打折扣的执行，能把事情做好吗？又怎么会有效率呢？当然像这样的中层也绝对是不合格的。

如果你想带好自我的队伍，管理好自我的团队，你就必须要先管理好自己才能去管理他人，如何去做呢？以身作则，令出必行就是其中最为基准的准则。当然，我们说企业的中层管理者要以身作则，并不是说你要整天板着主管的面孔，不苟言笑，并不是让人做一个不识情趣的木偶，也不是说你每天要为检点自己的行为而谨小慎微，而是应该用比下属更严格的要求去要求自己。因为“正己才能正人”。

要实效，对事不对人

中层管理者想要执行顺利，一方面，尽量提升人的素养，不要那么容易被“路障”绊倒；另一方面，立即把“路”修好，让它不容易绊倒别人。只要一发现有问题，立即“修路”。这样，就会因为“路”越走越好，而相关问题也就越来越少，进步也就越来越大。

当冲突发生时，作为中层管理者要及时调节双方的情绪，让双方明白一个团队目标的实现需要的是大家的共同努力，而不应该把个人的情绪带入工作当中。国内有位著名的管理咨询师讲述了这样一个故事：

有一次令我印象深刻的经历。我们要为一家企业提供一次内部员工训练。按惯例，作为训前调研我与该公司总经理进行一次深入的交流。这家公司的办公室在一幢豪华写字楼里，落地玻璃墙，非常气派。交流中，透过总经理办公室的窗子，我无意间看到有来访客人因不注意，头撞上了高大明亮的玻璃大门。大约过了不到一刻钟，竟然又看到了另外一个客户在刚才同一个地方头撞玻璃。前台接待小姐忍不住笑了，那表情明显的含意是：“这些人也真是的，走起路来，这么大的玻璃居然也看不见，眼睛到哪去了？”

这一幕，我与总经理都同时注意到了。彼此相视一笑，我问：“以前这儿也有过撞玻璃的事吗？”他答道：“好像也有过。”因为他们公司是我们的老客户，大家非常熟悉，我开玩笑似的问道：“请问，您认为这里有什么问题？”他知道我不会随便问这个问题，立即反问我：“请问易老师，你看到了什么问题？”我继续开玩笑道：“有一点是肯定的，那就是你们的玻璃擦得实在太干净，以至于走路的人误以为这里没玻璃。”说完，我们俩会心地哈哈大笑。

其实我们知道，解决问题的方法很简单，就是在这扇门上贴上一根横标志线，或贴上一个公司标志图即可。然而，问题真正的关键是，为什么这里多次出现问题可就是没人来解决呢？这一现象背后真正隐含着的是一个重要的解决问题的思维方式，也就是下面要提到的“修路原则”。

当一个人在同一个地方出现两次以上同样的差错，或者，两个以上不同的人在同一个地方出现同一个差错，那就该想想是不是这条路出现了问题。

如果我们照旧的思维来思考，就会发现，只要这条路有问题，你不在这里出差错，也会有其他人在此犯错；比如，有一盆花放在路边某一处，若有两个人路过时，都不小心碰了它一下，现在，正确的反应是：不是这两个人走路不小心，而是这盆花不该放在这里或不该这样摆放。如果有人重复出错，那一定是“路”有问题。比如，对他训练不够，相交流程不合理，操作性太过复杂，预防措施不严密等。这时作为中层管理者就应该意识到究竟是人有问题，还是“路”有问题，才能提出正确的解决办法，只要是人都会犯错，关键是看你用什么办法纠正。

作为中层管理者，认识到错误就应该做到按制度办事，在面对情面时，关键是看你处理得是否巧妙与恰当。倘若能做到既能坚持制度的严肃性，又不伤人的感情，这才是高明的管理。

张欣是一个做事很讲究原则的人，尤其是在成为部门主管后更是如此，一旦其部门的员工出现什么错失后，便会毫不犹豫地按章处罚。但这并不意味着他不讲人情，相反，他非常体贴下属的疾苦，能够设身处地地为下属着想。

有一次，一位该部门的一位新员工违反了工作制度，酗酒闹事，迟到早退，还因此跟其他的同事发生了争吵。在公司所定的规章制度中，这是最不能容忍的事情，不管是谁违反了这一条，都会被坚决地开除。当有人把这件事告诉给张欣后，他迟疑了一下，但仍提笔批写下了“立即开除”四个字。

不料，这位新员工接到公司开除的通知后，立刻火冒三丈。他找到张欣，气呼呼要讨个说法，想弄清楚为什么要开除他。听完对方的叙说，张欣平静地说：“作为公司的一分子，公司制度你不是不知道，应该带头遵守……再说，这不是你我两个人的私事，我只能按规矩办事，不能有一点例外。”

接着，他又仔细地询问了闹事的原因，通过交谈了解到，这位新员工的妻子最近去世了，留下两个孩子，一个孩子跌断了一条腿，住进了医院；还有一个孩子因吃不到妈妈的奶水而饿得直哭。新员工是在极度的痛苦中借酒消愁，结果误了上班。

了解到事情的真相，张欣为之震惊，“你怎么这么糊涂呢？我们不了解你的情况，对你关心不够啊！”他接着安慰道：“现在你什么都不用想，快点回家去，料理你妻子的后事和照顾好孩子。你不是把我当成你的朋友吗？所以你放心，我不会让你走上绝路的。”说着，从包里掏出一沓钞票塞到对方手中。

新员工被老板的慷慨解囊感动得流下了热泪，他哽咽着说：“想不到你会这样好。”

张欣嘱咐他：“回去安心照顾家吧，不必担心自己的工作。”

听了张欣的话，新员工转悲为喜说：“你是想撤销开除我的命令吗？”

“你希望我这样做吗？”张欣亲切地问。

“不！我不希望你为我破坏公司的规矩。”

“对，这才是我的好朋友，你放心地回去吧，我会适当安排的。”

张欣在继续执行将他开除的命令，以维持公司纪律的同时，给这位员工介绍了一份新的工作。他这样做，不仅解决了这个员工的忧难，使他的生活有了保障，更重要的是，他这样做赢得了其他下属的心。大家认为张欣这样一个关心员工的人，是他们值得为之拼命工作的人。从此，员工们同张欣一道，更为努力的工作，为公司的发展作出了很大的贡献。

事情是人做的，对事无情，有可能伤害对方的心，所以，处事要做到对人有情。对人有情，既能说服对方，又能使对方心存好感，从而赢得人心。因此，作为一名管理者在自己的下属犯错误时，一定要做到对事不对人，对事要按制度办事，而对人却要讲情面。如果对事无情，对人也无情，自然会遭到对方的反感，难以达成解决问题的目的。

可惜的是，时下许多中层管理者只是一味地强调制度，依靠制度去管人，却忽略人情的重要性。其实，有时候，人情的威力远远大于冷冰冰的制度影响。只有在讲制度的同时，又给员工以关心和爱护，才能真正激发员工，管好自己的团队。

本章小结： 管理学之父彼得·德鲁克有一个著名的观点：在制定任何决策、采取任何行动时，管理层必须把经济绩效放在首位。管理层只能以所创造的经济成果来证明自己存在的价值和权威。衡量一位中层管理者是否既是忠臣又是能臣，有一个重要的标准，即是否有高绩效思维。细节管理，既是管人也是理事，是中层管理对过程的责任，为结果导向服务！做好过程管理，结果水到渠成！正确做事才能减少试错成本，降低管理风险，才有可能实现高绩效。

第十一章　中层管理者管事的基本原则

灵活执行，思维多变

现代社会，科学技术突飞猛进，社会发展一日千里，瞬息万变。显然，单一的静态思维方式远不能适应社会化大生产的要求，作为企业中层管理者的思维也必须从静态走向动态。所谓动态思维是一种追踪事物变化的思维，它是一种运动的、调整的、不断择优的思维活动。它要求思维要根据事物不断变化的环境、条件来改变自己的思维程序、思维方向，对事物进行调整、控制，以达到优化的思维目标。其特点是动态性和开放性。所以，面对快速、多变的现代社会，企业领导者的思维方式必须从静态走向动态，才能跟上时代的步伐，适应时代的需要，才能掌握决策的主动权。

思维方式的变革，首先，要从封闭走向开放。封闭思维是建立在小生产基础之上的一种思维方式。在小生产社会里，由于生产力不发达，生产规模狭小，人们的活动范围有限，导致思维方式的狭隘和封闭。其特点一是封闭性；二是保守性；三是片面性。而开放思维的特点：一是广阔性。开放性思维既注重事物内部联系，又注重事物的外部联系；既注重纵向比较，又注重横向比较。纵横交错，因而视野广阔。二是变动性。开放性思维不是静止的、僵化保守的，而是随着事物内部要素与外部环境的变化而变化。所以，它能不断地接受新信息，掌握新情况，解决新问题。三是预见性。能从已知推断未知，从现实把握未来。为了适应社会化大生产的要求，企业中层管理者的思维方式必须从封闭走向开放，既看到内部条件，又看到外部环境；既看到国内，又看到国外；既看到过去，又看到现在与未来。

“鸡犬之声相闻，老死不相往来”。自给自足的自然经济决定了人们的这种关系，也限制了人们的眼界。然而在那时，孟子就提出“虽有智慧，不如乘势；虽有镃基（锄头），不如待时”的论断，显现出一个先哲的思想光辉。他在这里提出了两个战略思维的原则：“乘势”“待时”。势，形势。时，时机。

孟子的观点已经非常清醒地认识到“势”和“时”的重要，并用“乘”和“待”这两个动词，把主观与客观、局部与全面的关系联系起来。宋朝的苏洵又从反面做了相应的论断：“不先审天下之势而欲应天下之务，难矣。”苏洵也已经突破了当时当地的时空，使思维具有了相对较大的宏观性。如今，人类进入了信息时代，一点鼠标，瞬间世界大事便融入斗室之内，人们自觉不自觉地都生活在一个大的网络之中，毫无例外地受到网络的这样那样的影响。在这样的时代面前，“躲进小楼成一统”的想法现实中已经不可能了。

其次，要从静态走向动态。在自然经济条件下，由于经济社会发展缓慢，环境变化很小，使人们逐渐形成了一种静态思维的习惯。所谓静态思维是以程序性、重复性为特点的，它要求思维从固定的概念出发，循着固定的思维程序，达到固定的思维成果。整个思维过程可以重复、再现，周而复始。其特点是单一性和经验性。

最后，要从单一走向多维。小生产社会里，由于商品经济不发达，人们的活动内容比较简单，因而领导思维方式也比较单一。而现代社会，变化节奏快，活动范围广，牵涉内容多，单一的思维方式已远远不能驾驭这种复杂的局面，我们的思维方式必须从一维走向多维。所谓单一的思维，就是领导思维主体从某一方面或遵循某一固定的思维指向，来透视或把握思维客体的过程。其特点是片面性、直线性和教条性。所谓多向思维，是指思维主体运用多种思维方式，对事物进行多角度、多方面、多层次、多变量的系统思考过程。其特点是多向性、多层次性、开放性和综合性。为了驾驭社会化大生产的复杂局面，企业中层管理者的思维方式必须从单一走向多维，只有这样，才能驾驭各种复杂局面，立于不败之地。下面的事例就能给我们很好的启示。

三十六岁的宋科南被人从一家大电子公司中挖走，转而担任一家新成立的公司的总经理。这家新公司是由两位私人投资家和一家创业投资公司所组成和出资的。公司经营得很顺利，宋科南一年后升任总裁。在那一年中，宋科南每一天都工作十四小时；他聘雇和解雇员工、推销、开账、设计、计算，并且有时亲自在装配线上干活儿。宋科南是个轮轴，而当公司得到增长时，他也为自己曾在每一位员工和每一件问题上投下了心血而感到骄傲。

公司兴旺了，可是到了第三年，宋科南已病得不成样子。董事会逼迫他增加三位副总裁，他照办了，但是这三位副总裁都不是“强人”，可能是潜意识地，宋科南倾向于雇用有依赖性的人，以便他的轮轴位置不致受到威胁。

这家大发利市的公司公开发行股票，并且在第四年迁入自购的厂房中。同一年，宋科南和他太太迁入在工厂附近山上新建的华厦。新屋与工厂同一方向，可以直接从客厅的窗外看到工厂。宋科南常常邀请部属来家中吃晚饭（他偶尔也邀请顶头上司），这种聚餐是他探问厂内情报的手段之一。宋科南每天还是工作十二到十四小时，人人都认为他立下了典范。

可是，公司的增长速度在第五年开始减缓。宋科南相当担心。但是他责骂副总裁，要他们加倍努力。该公司面临的问题是，缺乏新产品，会计和控制制度相当原始，制造老化，行销能力薄弱。宋科南亲自向所有的问题发动攻击，然而经济的衰退使公司的情况更加恶化。到了这时候，宋科南着急了，在一星期之内，宋科南革除了两位副总裁，跟管理顾问签订一份二十万美元的合约，请他们诊断公司的情况，并且为了检讨公司每况愈下的原因，跟两位创立人发生了激烈的争辩。

在四个月之内，创立人把手中握有的大量股票售给一家对收购其他公司有兴趣的企业集团。六个月之后，该集团又以议价方式购进了握在散户手中的股票。也就是说公司被接管了。

宋科南是一位英雄说得通，是一个恶棍也说得通。他把这个企业早期所需的给了这个企业。这个过程中，他这个人逐渐变成该企业不可分割的一部分，“客观”这一重大要素也就丧失了。员工不是在替公司工作，而是在替宋科南工作。宋科南不是一个增长性企业的总裁，不是公司管理团队的队长，而是一位自封的国王。宋科南不能退后几步，使自己与企业之间保持某些距离。

宋科南虽说是一名公司的高层，处在领导者的位置上，然而他所做的很多工作恰恰就是中层管理者所应该面对的事项。我们不少的中层在面对这些事项时，往往也会在不知不觉中犯下类似的错误。其实，对于每一位中层管理者来说，要想把工作做好，并非事事都要过问，而是应该让自己的思维多变一些，学会灵活执行，用最好的方法与策略去做事。否则的话，你就无法显现出你管理的职能，反而陷入被自我“管理”的陷阱，以致陷入烦琐的小事之中难以解脱出来，从而影响到整个团队工作的开展。

因此，中层管理者在日常的工作开展中，要注意以下几点：

（1）管得太多，必然使自己身心过于劳累，虽然看起来很认真负责，但是却会使身体健康受到损害，不仅个人损失，而且企业也会因此受到影响。

（2）大事小事都亲自过问，必然会使部下丧失或减弱独立解决问题的能力，使他们缺乏自主性、创造性和积极性，而这对于一个实体来说是可怕的。因为一个企业之所以不是自然人而是法人，便是因为它前提是一个固定的机构，拥有一定的实力。这个机构是由许多不同专业的人员组成，互相合作从而使企业进入良性运作。一个人能力再大也无法负担整个企业的运作。只有努力培养部下的工作积极性、独立解决问题的能力，这个企业才会有生命，就像一栋房子，单靠一根大梁是支不住的。

所以，我们不要为“勤奋工作”这个美好的神话而迷惑，超出职责和精力范围的勤奋工作只能是对企业和部下的不负责任。

我们必须更好地管理好自己的时间和精力，把它们用在最值得用的地方。务必少去插手一些本不应该你来插手的事情。也务必让你的部下把问题带走，如果他没有把问题带走，那就不是你在管理部下，而是部下在管理你。

金钱的贫穷，影响一时，思维的贫穷，影响一世！作为中层管理者，思维的匮乏是非常恐怖的才能残缺。

乾纲独断，必败无疑

无论一个组织、一个团队，抑或一个企业还是一个国家，作为领导人还是管理者，当权力达到一定顶峰后，极易犯独断专行的错误。因为所处的位置和权力欲的膨胀，让他们难以真正地听取他人的意见，会使用自我的权力压人，让人执行。像这样的人大抵上会有三种结果：一是没有不犯错误的，二是能成就大事者不多，三是往往得不到下属和群众的拥护。独断专行表面上看起来强大，实际上是弱智无能的体现。因为弱者的一个显著特征，就是心胸不宽，见识不广，或眼高手低，腹中空空，不听别人意见和建议，听不得不同声音。凡是那些胸怀大志，善于干大事，广纳贤才的人，都不愿意独断专行，而总希望与人广交朋友，广纳良言，尊重伙伴，尤其处处关心和爱护下属，不断征求别人的意见，尽可能把事情做得完美，营造宽松和谐与人合作处事的氛围，这是古往今来成就大事者普遍的特性。作为企业的中层管理者，普通员工的直接领导和管理者，要想开展好自我的工作，把工作做好，就必须从这一错误中走出。

乾纲独断，必败无疑，只有拥有一颗包容的心才能把事做好做大，就是本节所要讲述的主要内容，也是中层管理者在日常工作开展中所必须持有的心态、所遵循的原则。

原巨人公司老板史玉柱检讨自己失败教训时就表示，原来公司董事会是空的，决策就是由自己一个人说了算，并告诫别人，决策权过度集中危险很大；原雅虎中国总裁、现雅虎总裁周鸿事必躬亲，处世方式比较强势，给人一种压迫感，所以有员工用“沙皇”来形容他独裁性的领导风格。其实他们的愿望并非如此，而是希望有一个充满战斗激情的团队，但事与愿违，后来他把自己的思路归纳为“弱管理、强领导力”。虽说，上面所说的这些都是处在高层领导者位置，他们的一言一行都会对整个企业带来巨大的影响，但作为中层管理者大部分都是某一部门的主管，或者是管理着某些实质性的事务。在普通员工的眼中，他们同样是领导者，并且是他们所在团队的实际领导者，其影响力也是不容低估的，甚至在很多的时候要比高层领导者要大。

其实，无论怎么说，中层要想管理好自我的团队，就必须拒绝乾纲独断。这是时代的要求，也是对中层管理者最起码的一个要求。因为企业高级竞争阶段的进入，是个人英雄主义消亡的开始，是协作时代的到来。作为团队的实际领导者，中层的个人主义和独断专行是对团队成员的不尊重，会给他们带来直接利益损失，想想看谁会服从一个伤害过自己、不尊重自己的领导管理者呢？

美国博客网站 Silicon Alley Insider 曾有过这样一篇报道，美国知名社交网站 Facebook 首席财务官（CFO）吉迪恩·余（Gideon Yu）之所以离职，并不是因为 Facebook 需要一位具备“上市公司工作经验”的新 CFO，而是因为他同 Facebook 首席执行官马克·扎克伯格（Mark Zuckerberg）意见不合。一些 Facebook 员工表示，扎克伯格过于固执己见和独断专行，是迫使不少 Facebook 高管离职的直接原因。一名消息人士称，如果扎克伯格主持召开 Facebook 高管层会议，他不允许任何与会者发表不同意见。另一名不愿透露身份的 Facebook 员工则表示，在 Facebook 创业初期，扎克伯格允许甚至鼓励其他高管和普通员工提出不同意见和建议，这也正是 Facebook 近年来市场规模能够大幅增长的根本原因所在。

现在 Facebook 早期团队早已分崩离析，大部分早期成员其实都希望离开 Facebook，只是部分成员因为各种不同原因而推迟了离职计划。此前有传闻称，由于科勒尔提前离职，导致他损失了“数百万美元”的账面收入。

无论是高层还是中层，都应摆正自己的位置，明确自己的职责权限。作为中层管理者，要始终知道：既然在一个团队组织或企业中是大多数人的事业，就更需要尊重多数人的意愿，集中多数人的建议，依靠多数人的智慧，与多数人合作，引导多数人淋漓尽致地发挥各自的积极性，才能把属于多数人的事业干好。事实上也是如此，仅靠一个人，或仅靠极少数人独断专行的去做事，是不能出色地干好大多数人的事业的。因此，如果一个企业的中层管理，长期独断专行，不愿意听取别人的意见和建议，不愿意接近下属或基层，就很难得到下属的支持，其命令也就自然会在下属中大打折扣，难以将高层制定的战略落实到实处。

要做对的事情，更要把事情做对

很多中层管理者都在抱怨这样的情况，如对员工薪加了，条件改善了，关心也付出了，棒子也举起来了，但其工作效率始终原地踏步，或是改善不明显，成本反而高了，得不偿失，却不知原因究竟出在哪里，这就是因为“鼓没有打到点上，笛没有吹到眼上”，没有将事情做对、做到需要做的地方去。因此，作为中层在日常的工作中，要想提升团队的执行力，就必须去做对的事情，更好把事情做对的意识。唯有如此，团队才能取得实际的成效，中层管理的能力才能凸显出来。

有一个小例子，可以让大家更明显地看到“到点上”的重要性。

两个花生油生产商，同时为他们生产的花生油做广告。一家生产商打广告是这样说的：选料上乘，气味芬芳，精工磨榨，营养丰富。以此来表达自己的花生油的优点。而另一家是这样写的：绝无胆固醇，不含黄曲霉素。孰优孰劣，高下立见。

切中要点，一针见血，把事情做对，就是提高效率的首要条件。对中层管理者而言，做事情当然是必需的，但要把事情做对，“打到点上、吹到眼上”更是必不可少的，否则徒耗时间和精力，做了无用功。作为中层管理者，应该有责任、有义务去深入探讨公司里具有“特点”的员工所存在问题的深刻根源，从而及时做出“诊断”，开出“药方”，实施方向正确、手段和效果良好的管理模式。

比如，有些员工有心理失衡的表现，常由于对身边与自己类似的事或物的比较而产生心理的不平衡，从而表现出心理失常的现象。其实，嫉妒之心，人皆有之。像这样的员工，一定要能够放下架子，先做“哥们”，从而让失衡的下属找到平衡的感觉，绝不能在其面前以领导自居。只有对其“先交朋友，后做上级”，经常在公开场合对其恰如其分地给予表扬或“提及”，尤其是其不在现场时，能够传到其耳朵里效果会更好，通过这种“敬”与“疏”的方式，有时要比直接采取“堵”即调离或“杀掉”的方式，更让人心服口服，更让人感到可亲与可敬。

另外一个比较常见的现象就是，每个企业都有些“资深”员工，由于资深所以常倚老卖老，让中层管理者不好管理。比如有些业务员，由于做市场的时间较长，在销售业绩非常优秀后，就开始沾沾自喜，对谁都不屑一顾，加之企业领导对其的偏爱，便不把上司放在眼里，从而也成为“特点”员工。

对待这种员工就得慎重，因为此类“问题”员工，由于“城府”往往较深，有时甚至会“牵一发而动全身”，因此，需要采取一定的策略与技巧。首先，要懂得先扬后抑，即经常要通过看似表扬，实则“话中有话”的方式，给予其身份提醒；其次，通过加压驱动的方式，“拔高”其销售指标，努力让其做得更好，给其更大的挑战空间，给予更多的提升机会；最后，给其提供更大的“展示”平台，满足其表现欲。而对于那些敢挑战制度与规定的“业务老油子”，绝不能放任自流，听之任之，而是要勇敢地拿起制度的“鞭子”，狠狠地给予惩戒。

对中层管理者来说，对下属的期望值越高，下属的压力往往也就越大。比如，在日常销售管理当中，有时销售目标制定得过高，会导致物极必反的效果，从而让业务员产生逆反心理，而给中层管理者带来诸多“难题”，比如，“软抵抗”、消极怠工，“破罐子破摔”等。

所以，作为好的中层管理者，做事情要细致，“鼓要打到点上，笛要吹到眼上”，针对不同员工，对症下药，因材施教，充分发挥每个员工的潜能，营造一个生气蓬勃的工作状态。不仅会“加压”，而且还一定要能够适时给下属“解压”。

身体力行，权威管理

假如一个中层管理者常常迟到，打起私人电话没完没了，常常违反公司规定，那他如何能让员工从心里尊敬他、信服他呢？想要唤醒员工的自觉性，中层管理者就要身体力行，而不是喊口号。

如果中层管理者持一种消极的、喊口号式的态度来管理日常工作中的事务，只能削减执行员工工作热情，对企业的发展前途失去信心。中层管理者想树立威信，让下属听从号令，就得让员工服气，以自己的实际行动去打动他们、鼓舞他们。

三国故事中的孙策，每次与敌人交锋时，都会冲到最前列，他的手下为此非常担心，希望他以后不要这样拼命，然而孙策却说：“如果我不亲自上阵，那么将士们又有谁会冲锋向前、勇猛作战呢？”正是因为孙策这种身先士卒的作风，让他的手下十分敬畏，个个都甘愿为他效命。可以说，正是孙策这种“干着指挥”的作风鼓舞了部下的士气，才建立了江东基业，奠定了三分天下的基础。

韦尔斯就任公司在美国总部的经理时，公司正处于一盘散沙状态。他认为经营管理人员的全部职责就是动员员工来振兴公司。在公司最困难的日子里，韦尔斯主动把自己的年薪由100万美元降到1000美元，这100万美元与1000美元的差距，使韦尔斯超乎寻常的牺牲精神在员工面前闪闪发光。榜样的力量是无穷的，很多员工因此感动得流泪，也都像韦尔斯一样，不计报酬，团结一致，自觉为公司勤奋工作。不到半年，公司就成为拥有亿万资产的跨国公司。

由于中层管理者既是制度的制定者和推行者，也是制度的执行者和培训者。这就更要求我们在管理人员、要求下属的同时也严格地要求自己，要以身作则。行为有时比语言更重要，领导的力量和威信，很多往往不是由语言，而是由行为动作体现出来的，聪明的领导者尤其如此。

当日本的《东京日报》面临危机时，为了重整旗鼓，作为新上任的管理者，小野泰森就采取了一种“干着指挥”的做法，带领大家成功地渡过了危机，使公司重新焕发了生机。

20世纪七八十年代，全世界一片萧条，小野泰森就是在这种情况下走马上任。他上任之后，厉行节俭，有一次看到地上有几张没有用过的白纸，他就把财务部长叫来，当着他的面把这些纸片捡了起来，重新利用。小野泰森这种行为使得部下对于勤俭节约有了新的认识。大家都想着，连经理都这么节俭，自己今后一定要更加注意。小野泰森还语重心长地告诉大家：如果不注意节俭小的浪费，那么积累起来就会变成大的浪费，无论任何公司都是经不起这样的浪费。小野泰森的这个经历告诉我们首先上司要起好带头作用，让部下从刚参加工作的一开始，就养成敬业、爱业的好习惯。

因此，与其处心顾虑员工的想法，倒不如管理者自己“干”起来，而不是只在那里发表演讲和命令，尤其是在自我的团队处于低迷状态的时候。试想，如果下属看到自己的上司努力地工作，一丝不苟地执行公司的各项制度，与他们同舟共济，他们能不尽心尽力地工作吗？

当然，我们所说的“站着指挥”并不是说你要整天板着一副管理者的脸孔，不苟言笑，并不是让人觉得你是一个不识情趣的木偶，也不是说你每天要为检点自己的行为而谨小慎微，作为一个企业中层管理者的你可以通过你的个人特点或个人魅力来影响下属，这样下属才能信赖和依赖你。

领导要求员工做到的，领导最好首先做到；领导禁止员工去做的，领导也必须首先禁止。一个连自己都管理不好的人，又有什么资格来管理他的员工呢？这就是所谓的“干着指挥有威信，坐着指挥话不灵”，作为中层管理者，要想把自己的决策贯彻始终，必须身体力行。只有这样做，才是值得下属尊重的中层管理者，也才是最有威望的中层管理者。

兼听则明，集思广益

面对管理工作中所出现的问题，即便是中层的能力再卓越，也不可能所有的事情都能轻松顺利的解决，因为问题是复杂多样化的，而人的智慧和精力却是有限的。那些优秀的中层管理者都深知这一点，也就是因为如此，他们在日常的管理工作中，遇到什么问题的时候，往往会积极地跟下属员工探讨，去听取对方的意见。

在一家销售公司，出现了这样的一个问题，那就是在同类竞争产品的猛烈攻势下，该公司的产品销量急剧下滑，离公司要求的目标还差得很远。谢聪作为销售部门的主管都快疯了，因为完不成销售任务不仅仅会影响到个人的薪水，还有可能导致自己失去好不容易才得到的中层管理职位。为此，他整天把自己关在办公室内想办法。

时间一天天地过去，办法没有想出来，他变得越来越急躁，甚至在有些时候还会对下属说出一些原本不该说出来的话。如此一来，原本就士气低沉的销售人员变得更为消极。

一天，他在跟一位朋友相聚的时候说起了这件事。朋友听后，笑着跟他说："你为什么不去跟自己下属商量商量，听听他们怎么说呢？"

朋友的一句话点醒了梦中人，他回去后就召集销售部的全体成员开了一次会议。在会上，他极其诚恳地把销售部的现状说了出来，为自己前不久情绪有些失常可能在语言上得罪了人而表示抱歉，希望各位畅所欲言，说出自己心中的想法，看看是不是能够找到合适的方法突破。

这一次会议的结果是他没有想到的，他更没有想到的是平时他有些瞧不起的销售员对于自己公司和竞争对手的产品以及销售的方法了解得如此的透彻，更让他吃惊的是，有几个销售人员还提出了具有建设性的改革建议。

会后，他综合了销售人员的一些看法，以及根据自我对目前形势的了解，在他们所提的建议上做出了修缮，制定出了新的销售方案。施行的结果让他感到震惊，不仅销售量上去了，还远比原来最高的纪录要高。

兼听则明，相信这句话听得很多人耳朵都起了老茧，作为中层管理要做好自我的工作，就要做到放下自我，不仅要做到兼听，还需集思。因为，你要知道你的责任是什么，你最终的目标是什么，说得简单一些不就是将上层领导者战略规划与目标落实到实处吗？而工作中所出现的问题，就是落实过程中最大的阻碍，你必须快速而有效地清楚这些阻碍。

怎么才能做到呢？有的人可能觉得自己好歹是个管理者，能力或者其他的方面要比普通员工要强，因而会瞧不起下属。但是你莫要忘记"尺有所短，寸有所长"，你不一定能解决的问题，说不准对下属来说压根儿不是什么难事，即便是他们不能妥善地解决，听听他们的想法、建议，同样会给你带来一定的启示，不就是给你在处理事务的时候打开了一条新的门路吗？

一个团队的优秀并不是一个人的优秀，只有将团队中的每一个成员的思维激活，展现出他们的优势，像这样的团队才能在残酷竞争的市场中立于不败之地，变得越来越强大，当你的团队变得强大了，公司也就自然强大了。

制度第一，总裁第二

“无规矩，不成方圆”，这句谚语很好地说明了纪律和秩序的重要性，小到个人、企业，大到国家、世界，没有规矩必定乱套。像家有家法，公司有制度，政府有法律等，这些规章制度看似束缚了人的自由，但从另一角度讲，也是保障了自由，“规矩”让各个工作或学习或生活的地方有了秩序，它彰显了一种制度的力量，很多事情因为制度的制约才爆发出其力量。作为中层，企业日常经营活动事务的具体管理者，在实际的工作中就应当时刻把制度放在第一位，一切按照公司所规定的规章制度来办事。

讲制度，不讲身份地位，可以说是对中层管理者一个最为起码的要求，也是他们是否能够管理好自我的团队，顺利地完成工作任务的保障。

汉文帝的时候，匈奴大规模的入侵汉朝边界。汉文帝就任命刘礼、徐厉、周亚夫三人为将军，分别带军驻守在霸上、棘门、细柳三个地方。

过了不久，文帝想看看驻军的情况，就亲自带人到这三个地方查看。队伍到达霸上后，看守营门的军士见是皇帝的队伍，立刻放行，带军的大小将领也是笑脸相迎，笑脸相送；到了棘门营地后，文帝的队伍也没受到任何询问和阻拦，队伍长驱直入，棘门的将领们也是恭迎皇帝来，恭送皇帝去。

到了细柳营地后，情况变了。皇帝的先行卫队被挡驾了，守营门的士兵说："在军中我们只听周将军的号令，不听皇帝的命令。"就这样，一向很横的先行卫队硬生生地被堵在军营外边。不久，文帝的车驾亲自到门口了，没想到守营门的士兵还是不开门，竟敢把皇帝也堵在外边。

文帝只好派人去下诏，说皇帝亲自来犒军，请派人出来迎接，好让皇帝的队伍进去。周亚夫见到文帝的符节后，这才下令打开营门，放皇帝进来。但是，打开门之前，守营门的士兵又宣布一条硬性规定：周将军有令，在军营内车马不能行进过快。文帝没办法，就下令队伍慢慢前进。

好不容易来到了中军大帐前，只见敢把他堵在外边的周亚夫将军身穿盔甲，手持兵器，只给文帝作了一长长的揖，说："臣身穿盔甲，不能行跪拜之礼，只能行军礼，请皇帝见谅。"文帝深受触动，做了一个表示尊敬的动作，并派人向周亚夫表示皇帝的敬重。

出了细柳营门后，随行的大臣们都在想周亚夫该定个什么罪，文帝却说："周亚夫才称得上是将军啊。刚才到霸上和棘门，防守松懈，一点军规没有，如同儿戏，匈奴来了哪守得住啊。周亚夫的军纪那样严整，谁能够侵犯他呢？"

一个军纪严明的军队，战斗力都会很强，这也是无数事实所证明的。放在社会中来说，如果每个人能遵守规章制度，那这社会何愁不和谐呢？我国一再强调要做一个法制化的国家，力行法制，才能更好地规范人的行动、规范更多人的行动，保障人的权益，让社会作为一个整体表现得更"无私"、更"高尚"。

制度的力量远比我们想象的强大。好的制度能收到事半功倍的效果，惩恶扬善，力求公平，带动良好的社会风气，推动人奋发向上的精神。对一个企业来讲，没有一套工作制度，如何让员工保质保量地完成工作？那么，如何让这些制度起到应有的作用呢？问题就在于中层管理者，在于他们是不是能够严格地按照既有的制度办事，去处理工作中的事务。否则的话，再好的制度都只能被挂在墙上，成为一种形式，起不到任何作用。

在这儿，敬请中层管理者在面对工作中的每一件事务时，把制度牢记在心中，放在第一位，用制度的标准去衡量事务的对与错，去做出相应的判断，奖励还是惩罚吧！事实上，也只有如此才能确保所在组织的良性运行，减少诸多原本可能避免的问题。

本章小结： 在企业中，如果管理者能够激情四射、率先示范地努力工作，那么这种热情和精神就会影响其下属，无形中让员工逐渐养成一种积极向上的工作态度。管理者无声的行动其实就是一种命令，对员工的行动是一种极大的激励。言传重于身教，行胜于言的道理很多中层管理者都懂，却偏偏不能身体力行，所以管理过程中出现种种矛盾也就实属正常了。中层管理者内倾心智要多从基本原则对号入座找原因，而不是外倾心智徒劳抱怨外界因素成为不作为、不成长的理由。

第十二章　中层管理者的本职工作要求

不因循守旧，善于开拓创新

飞速发展的中小企业在市场竞争格局中发挥着至关重要的作用，同时也面临共性的难题——融资难、人才缺、信息慢、管理乱，其中最重要，也是影响企业快速持续发展的瓶颈现象就是管理落后与滞后。很多企业想通过学习国外企业的管理方法和经验，以图快速解决自身日渐严峻的管理问题，结果往往是耗费人力财力收效不尽如人意。要明白中国企业和欧美企业的差异在哪里？中国企业以领袖为中心，欧美企业则以团队为中心。中国企业是以法律为准则，更是以道德为准则，道德的背后是差异迥然的人性问题。所以，在中国企业管理光靠制度不一定能解决问题，因为制度解决不了人性本质问题。

所以，对于中国管理人而言，在学习国外先进管理思想的同时，也应该结合企业实际现状做管理实践，盲目崇拜或者纯粹的拿来主义必不是理智的选择。时至今日，人力资源和企业文化建设在企业管理中占据着很重要的地位，中国管理人员急需制定出符合中国本土企业发展的治家之道。而决定这个过程到成果的群体，毫无疑问承上启下的中层管理起着关键支柱性的作用。

作为企业来讲，一个有全面发展的创新型中层管理者应该具备什么样的素质呢？一是对企业充满炽烈的爱，有对企业的献身精神，能胜任各工作岗位并作出骄人的成绩。二是充满活力，要永远有对新知识、新事物的渴求。富于理想，善于从生活中获取新的知识，而且拥有一种较宽广的知识面。三是有强烈的开拓创新意识，对领导不唯唯诺诺，而是通过对企业的生产经营活动深入研究后产生自己的主见。善于发现问题，并深究问题的根源所在，进而提出解决问题的方法。四是谦虚谨慎，不浮躁，不夸夸其谈又不干实事，而是脚踏实地，一步一个脚印，勇于面对困难和战胜困难。五是有一定的逻辑思维能力，有较高的文化素养，有科学研究的素质和创造思维能力。当然，我们不能完美的苛求所有中层管理者都达到这个要求，但作为中层管理者应该不懈追求这个目标。不因循守旧，墨守成规，被动等待，而要善于思考，开拓务实，求真创新，这是对于优秀中层管理者的首要基本要求。

当前是一个知识爆炸的时代，它带动着一场新的产业革命，也使得市场经济竞争更加激烈，这个竞争归根结底是人才的竞争。一个企业要想在市场拼搏中稳操胜券，中层管理的竞争力就是企业最核心的软性竞争力。

中层管理的突破性思维，建立开拓意识是前提，企业领导要带头树立良性竞争意识。竞争意识能激发启发突破思维，跳出陈旧的流程规则，开拓新思维新领域；培养并激发中层管理的开拓思维，关键之一是要有一个具有创新思维的领导班子，很难想象在一个保守的领导班子带领下，中层会具备多少开拓能力。其中，中层管理与领导班子中的带头人如何相互影响，能不能达成思想到行为的统一起着决定性的作用。带头人敏锐的超前意识，自己本身具有创新能力，有强烈的求知欲望，不断运用新知识、新思维完善企业的内部行为，鼓励大胆质疑与创新，并努力营造一种宽松而和谐的竞争氛围，带动团队成员积极面对竞争和挑战。中层管理需要主动探索开拓，主动沟通影响，两者相辅相成。

具备开拓精神的中层管理，就必须有意识将自己推向竞争。具备居安思危，未雨绸缪的思想与勇气，只有竞争才能激发创新，市场是最能锻炼人才的竞争之地。要有目的、有针对性地了解一线，接触市场，在市场风浪的涤荡下激发新思维，不能把自己圈在狭小的圈子里，不经历风雨，怕锤炼摔打。与此同时，让自己适应不同的内部工作环境，寻求机会充分发挥自己的聪明才智，才能创造更全面的发展机会。今天，诸多的优秀企业也越来越重视中层管理者的培养与选拔。中层管理者承载着企业原有优秀基因的传承，也影响着企业面对变化开拓创造出拥抱变化能力的创新。

具备创新精神的中层管理，就必须具备开拓创新的意识，为企业创造出相对宽松的创新环境。一要具备发现思维，而不要辩证思维，去掉绝对化是与非的观念，不排斥新鲜事物，养成独立思维能力、独立操作能力、独立责任意识。要鼓励团队成员独立行为的过程中发挥创新的潜在能力，发现过程的闪光点，捕捉思维的瞬间就可能发现创新的空间。二要具备整合意识，懂得整合调动身边资源，切忌闭门造车。能发现可有效借力的资源也是一种开拓思维，为创新建立基础，学习的过程就成了告别过去式的创新过程。三要具备风险意识，创新是在既定模式基础上求异的过程，而且是一个风险与成功并存的过程，这就注定了创新必定有风险，中层管理的开拓意识，创新思维绝不是蛮干胡来的匹夫之勇，要实现风险评估，明确风险值，并建立应急处理机制，严谨的风险意识才能催生完善的风险管理。具备以上三种意识才能为中层管理在后续工作中持续精进的创新成果奠定基础。

思维活跃，创新管理

约翰·洛克菲勒说："如果你要成功，你应该朝新的道路前进，不要踏上已被成功人士踩烂的道路。"我们可以套用一下这句话，如果一位中层管理者希望成功，就要主动创新，而不是跟在别人的后面。而一个优秀的组织，也必然需要一批主动创新的中层管理者。著名的海尔集团，它之所以能有今天的成就，与拥有一批勇于创新的中层骨干是分不开的。

海尔集团电热事业部的一位中层管理者名叫孙京岩，在他刚刚进海尔集团时，海尔已经是国内著名的电器品牌了，他是怀着远大的理想进入海尔公司的。但是，让孙京岩意想不到的是，此"海尔"非彼"海尔"：在市场上火热的仅仅是海尔的电冰箱和洗衣机，他被分到的恰恰是刚刚起步的"冷衙门"——电热事业部，负责的是想都没有想到过的小家电——热水器和微波炉。这无疑是给本想大展抱负的孙京岩兜头一盆凉水，刚开始时，当他被顾客问及："海尔也出微波炉吗？"他就会尴尬万分。那时，海尔微波炉和热水器月产量不足万台，连同行也说："小家电不是海尔的强项。"经过一段时间后，孙京岩开始理性地思考自己部门的前途：随着人们消费和住房水平的提高，热水器和冰箱、空调一样，也定会在家庭中普及，所以小家电孕育着大市场。而要使海尔的小家电在市场上占有优势，就必须在原有的基础上做出创新，无论是产品的性能还是质量，都要做到国内第一。经过一番思考和调查后，孙京岩决定把电热水器的研发作为部门发展的突破口。

这时，国内有很多媒体报道了电热水器因为质量不过硬而伤人的事件，这给孙京岩很大的触动：如果能够使电和水分离，是否就能够避免伤人事件的发生呢？随后，海尔的电热事业部全体员工在孙京岩的带领下，全力投入到这项创新研发中去。1996年，海尔生产了第一台水电分离式热水器，一进入市场，就被抢购一空。从此，海尔在小家电行业开始占有一席之地。而原来被称为“冷衙门”的电热事业部，此时也成为海尔的骄傲。但是，这样的成绩并没有让孙京岩满足，因为他知道，在市场上只有不断地创新，才能不断地发展。随后，在大家的努力下，又开发了多种热水器。现在海尔电热事业部已经成为海尔的一个颇具竞争力的部门。

海尔电热事业部的成功，值得每一位中层管理者借鉴。最好的中层是能够带领部门进行主动创新的干部，他们不仅为自己，更为组织赢得了发展。对于很多中层管理者来说，创新并不仅仅落脚在技术研发上，能够在制度上有所建树，进行改革，也是非常好的创新。

1997年后，吕翔走上了中信证券人力资源部副总经理的岗位。一直在这个部门做基层工作的吕翔，上任伊始便把精力放在了人力资源管理创新、求变上来。部门改革是一项庞大的创新工作，吕翔选择从人人不可离的手机开始。手机在当时的中信证券，与个人利益密切相关。因为员工所用的手机都是由公司购买，统一配备给个人使用的。从某种意义上来说，这更像是一种福利待遇。当时一部手机的市价近一万元，通话费也是没有限额的实报实销，这对于公司来说是一笔不小的开支，而且话费也存在一些无谓的浪费。改革后，手机折价卖给了员工，而且公司以后也不再为员工配备手机；对于购买了手机的员工，根据工作需要，给其不同额度标准的通话补贴，把暗补变为明补。这样，公司一方面节省了一大笔购买手机的固定资产支出；另一方面也减少了日常的话费开支。一直享受手机福利的员工突然没有了这个待遇，心理上很不平衡。有的员工还大发牢骚。吕翔代表人力资源部向员工解释：公司站在成本控制的角度，为的是节省费用开支。虽然个人在短期内确实有些损失，但从长远来看，对双方都是有益的。有理有据的解释使员工们渐渐接受了这项革新。而目前，员工自买手机，公司承担一定的通话费用的方式，已被大多数企业所采纳和使用。

或许对于我们的中层管理者来说，部门甚至是整个单位的制度革新，是最让人头疼的：革新，阻力大；不革新，弊端就永远存在，而且还会阻碍单位的发展。从吕翔的故事中，我们可以学到很多：第一，最好的中层管理者必然是具有魄力的干部，面对公司的弊端，面对创新的阻力，他不会逃避，而是想办法来解决。第二，创新、革新，是要有针对性和可行性的，不能大而空，这样将不利于贯彻执行。第三，创新、革新不能过于激进，急于求成，也就是说宜缓不宜急，就像一列行驶中的火车，急转弯的后果很可能就是翻车。第四，要对自己的革新对象有足够的耐心。对于每一个刚诞生的新事物，员工都要有一个接受的过程。你必须学会不厌其烦地说服员工。所以，面对不理解的人，不要急躁。只要是好的事物，就一定会被大家所接受和认可的。综上所述，无论是技术的创新还是制度的创新，都需要中层干部实事求是地根据单位需要来进行，既不能逃避责任，也不能盲目改革。最好的中层是主动创新的中层，他们善于在创新中找到发展的契机，为自己，更为单位，带来最大的成功。

打破格式化，讲求创造性

曾有一次，笔者跟一个朋友聊天，他说我们这一代人思维都被格式化了，没有什么自己独到的见解，真令人感到悲哀。笔者听了，深有同感，心里也叹息不已。

从我们小时候起，我们就不断接受填鸭式教育。教师在台上苦口婆心地讲，学生在下机械地听。学习好的学生会记住教师教的公式，最后一路过关斩将，上了大学，又进了单位，成了各行各业的筋骨和血脉，然后他们又在自己的位置上把这种教育继续传播下去，最后造成一代代思想机械的公民；学习不好的恐怕连基本的公式也记不住，只是傻瞪着眼，看着教师在讲台上讲课，自己的思想却不知钻到了什么地方。在毕业后走上社会，他们的思想基本上仍然是一片空白，多年教育的结果到最后仍然是零。

毋庸置疑，我们多数人的工作也是循规蹈矩的，也是公式化地进行着，也是在格式化地生存着。他们习惯于听从上面的指示，自己却不想也不敢想这事儿对不对，有没有更好的方法。他们只知道服从就没有错，谁敢出头就要担当无尽的风险。他们接受各种思想灌输，一直到长大成人，到单位里仍然接受着灌输。

这种灌输最理想的结果也不过是把群众变成了千人一面，大家变得一个面孔，一个思想，全盘格式化，没有一点儿自己的风格，没有一点儿独立思考的能力。这样虽然大家思想上达到了高度的统一，但这和驱使一群僵尸有什么不同呢？如果你需要高度统一，那只要有一大堆机器就行了，保证它们会按照你的意愿去干。但是如果你想使自己的工作达到最佳效果，那就非拥有一群有独立思想的人不可。而要想拥有有独立思想的人，那就不能对人的思想、作风进行格式化的灌输。

据说国外不少企业就认识到这一点儿。一些公司对自己的员工的工作方式不作任何限制，他们给员工自己的空间，在这个空间里员工可以依据自己的意愿进行随意布置，可以依据自己喜欢的方式进行工作。在这样的条件下，员工们的积极性得到了充分发挥，创造力得到了极大激发，工作效率也大大增加。

好在现在我国不少有远见的领导者已经认识到这一点。那么，如何在管理中创新呢？作为直接执行者，中层管理者应该主要关注以下几个方面。

1. 公司文化

也许所有的人都同意，一个公司的内部氛围，公司文化对创新行为具有重大的影响，在官僚作风严重的环境下，创新是很难得到推动的，我们经常听说要在公司内部鼓励企业家精神，这一观念归根结底说明了创新意味着风险，为了促进创新，必须创造这么一个环境，使雇员们敢于冒险，显然，最好的方法是自己创业，相对来说，规模较小比较有活力的公司通常能提出更多的观点和创新，而研究也多多少少证明了这一点，但是小公司没有足够的人力资源与财力来开展大规模的创新项目，需要将小公司的优势与大公司的实力结合在一起，由大公司来执行各项事务，好像它是一家小公司一样，下面我将为大家提供几点能够帮助营造创新氛围的想法。

看看你身边的同事有多少人在公司里默默无闻，下班之后却成了体育俱乐部或戏剧小组等团体非常勤奋并且富有创造力的主席或支持者。为什么我们不将这种创造力或企业精神用在工作中呢？为什么这些雇员只有离开公司才变得如此善于创造，也许他们在公司的时候由于担心创新失败而丢掉工作，所以不愿意冒险。因此，我们应该通过嘉奖成功来激励创造精神和企业家精神，让有创造力的人们能够坚持下去，项目成功之后能够从中受益，假如项目失败了，应该保护他避免个人风险，例如允许他们重返原来的工作岗位等。

创业气氛浓厚的公司，应该建立一套适当的机制，允许想法从各个层面的各个角落冒出来，尽量从公司的最底层去挑选创业者。问一问自己你对各部门如销售部门、售后部门、研究部门的意见是否一视同仁，还是有所偏心，有没有从未提出任何建议的部门，如果确实有的话，公司的内部沟通肯定是出了什么问题，一个部门不可能找不出一位具有创造力的人才。

一个新项目就像一棵小小的温室植物，它需要人们的培育，避免阳光的过分曝晒，同时也要避免施以过多的养料。所以，产品问世的第一个月不要将公司的费用都投入到新项目里。一个新项目应该证明它至少能够生存两年，届时它才能为公司的固定资产增加作出贡献。

2. 知识

所有重大突破都不是凭空而来的，创新是掌握了所使用的技术与市场知识的结果，创新这一活动由许多细小的步骤组成，它是建立在坚实的知识基础之上的。换句话说，要在一个全然陌生的领域或市场进行创新，不仅过程漫长，而且花费巨大。有时公司迫不得已只好建立一座新的知识库。

成功的创新都是将市场机遇与技术潜力相结合的产物。某种产品是否存在市场？我们能够在合理的成本范围内解决技术上的各种问题？如果这两个问题的回答都是肯定的，那么你在正确的方向上已经走了相当长的一段距离。但大多数时候事情并没有那么简单，通常我们无法按市场第一技术第二的直线顺序做出回答，而是对比营销部门与技术部门的不同观点，反复排序而成。无论如何，市场与技术是不会自行结合的，必须依靠外力的作用，选择创新方向的办法之一是性能曲线。

创新过程也可以视作以信息为原料的生产过程。创新就是尽可能地获取信息、处理信息。信息最好的来源是什么？有人过分夸大市场的作用，认为市场是信息唯一的真正来源，而有的人则认为技术是有价值观念来源之一。事实上好的想法和信息可以从各个不同的角落里“跳出”来，因此应该争取信息来源的多元化。

3. 杠杆效应

创新中重要的是在为寻求帮助而告知他人与保守秘密以维护自身竞争优势这二者之间寻找一个最优平衡点。如果创新成功的话，你就会知道总有人从你的创新中获利。即使你独立开辟一个全新的市场，你的供应商也会因此而大幅度地增加销售。

此外，能够和你一起从创新中获益的公司或组织，非常愿意承担部分的开发或推广成本。所以，有一些因素可以在你付出代价最小的情况下产生最大的效益，在周围环境中寻找这样的因素是十分重要的。一种所谓的“20/80”规则也许能帮助你。观察一下周围，除了你自己的项目以外，还有哪些组织可以从这一创新中得到最大的收益？在他们当中，你必须找出那个能够提供80%的创新信息，同时还可以为开发投入资金的20%的公司。然后你该做的便是与他们建立伙伴关系。双方可以签订合同，也可以单纯建立一种非正式的合作关系。但是，无论采取哪一种方式都要避免将创新的所有资料都告诉这位短期伙伴。所有的一切归根结底就是利用创新的预期收益来吸引别人承担部分创新任务。这一技巧可以称为创新过程中的“组织性杠杆效应”，它可以给你带来长期的好处。

4. 资源的利用方式

怎样才能加快创新呢？投入更多的资金和人力吗？不，正确的答案应该是认真检查资源的利用方式。项目推迟经常是由于突然发现前面进行的工作不好或者不完整，因此，在使用资源建造原型、开发分销渠道之前必须对理念、初次市场试销的规划给予更多的重视。

在创新过程中，高层管理人员发挥着关键的作用，这种作用最好是在项目的开始阶段就能体现出来。可实际的情况是，在确定最初理念的时候，高层一般不加干涉，到了生产阶段和市场推广阶段，他们却不由自主地插手解决各种危机。他们似乎没有意识到：高效、快速的创新公司特征之一就是，管理层的干预主要发生在形成创新的理念策划阶段。

5. 寻找知识渊博、灵活性强的合作伙伴

如何才能设计好一个产品工艺呢？它要求有关各方具有极大的灵活性，必须有足够的空间应对理念的任何改变。万一要对理念进行修改，必须确定修改会对那些已经开展市场推广工作的人的影响会有多大。所有这一切要求大量的信息交流，对其他部门面临的困难有更深入的了解，因此需要寻找那些知识面广的合作伙伴。知识渊博、灵活性强的合作伙伴是高速创新公司的必要条件。

6. 学习能力

创新速度比较快的公司还有一个非常显著的特点，就是学习能力很强。面对每一个创新，公司都会组织学习活动，讨论从这些成功或者不成功的创新项目中学到了什么。可惜很多公司经常不愿意在这一方面投入足够的时间，而没有时间学习的公司从长期来看浪费了更多的时间。

善于总结，善于汇报

在给中央直属部委和一些国企做管理技能培训时，我们了解到这样一个事例：中央某机关的局长，是一位非常年轻的干部。为什么他这么年轻就能成为局长呢？当别人问他有什么成功的秘诀时，他提出了成功的“三于理论”。何为“三于理论”呢？精于业务；善于总结；善于汇报。具体来说：精于业务，对自己的业务必须要熟练、专业，不能做外行管理内行的领导。善于总结，我们常说失败是成功之母，而总结是成功之父。一个不会总结的人，就不能从自己过去的经历中吸取教训并不断超越。善于汇报，当别人问这位年轻的局长，怎么才能做到善于汇报时，他只说了两个字：“对路！”其实，汇报是一种能力的体现。

有很多中层不善于汇报，一来抓不住要点；二来体现不出与别人的不同之处。而这位年轻的局长就是一个很善于向上级领导汇报工作的干部。在他还没有做局长之前，有一次，局里召开会议。在会上，很多干部都要依次向领导汇报近期工作。在会议开始时，他环顾了一下四周，发现排在他前面的有十几位干部，每一个都比他有资历。他就想，这么多干部在一起做汇报，怎么才能让自己的汇报得到领导的重视，让领导记得住呢？当轮到他发言时，他就自己要汇报的主题，先提纲挈领地说了一句话：“出彩不出事。”出彩，就是要有成果；不出事，就是不出问题。这句话，一下子就吸引了领导的注意。哪个领导不喜欢又有成果，又不出问题的下属呢？就这样，通过这一句提纲挈领的话，他让领导记住了自己，也为自己日后的发展奠定了一个良好的基础。由于领导对他的印象很深很好，因此他的发展也非常顺利，成为中央机关一位非常年轻的局长。也许你会说，汇报工作是一件很容易的事，是中层管理者经常要做的事情，但是这里面的学问可不简单。

有一次，中央电视台的《东方时空》节目讲述了这样一件事：有一次召开政协会议，各地方的委员开始分组讨论。当时的总理是朱镕基，他和一些中央的领导同志分别到各组去看望委员们。朱镕基来到全国政协经济组，讨论开始不久，一位来自湖南的委员发言。这位委员说了一大堆歌颂、称赞、拥护的话，久久不能进入实质内容。朱镕基实在等不及了，就插话说：“老乡，你就不要说那些客套话了，请你尽快进入实质内容吧！”在朱镕基的提示下，后面的讨论发言都很实在。在其他几位委员发言后，朱镕基开始发言。他说：“刚才我有些不礼貌啊，打断了那位委员的发言，有点冒昧。我是着急啊，我想尽快听到你谈实质内容。”随后，朱镕基风趣地对那位委员说：“如果你不是我老乡，我也不会这样，谁让咱们是老乡呢！”那天，讨论会在总理的参与中开得热烈、实在、有内容。这个小故事在《东方时空》播出以后，全国各地很多组织中的中层管理者都产生了共鸣。大家纷纷意识到，在过去的会议上，空话、套话太多，很长时间都进入不了实质内容。这不但影响了工作效率，也给领导的倾听带来了障碍。因此，在汇报的时候，“对路”是至关重要的。要做到“对路”，关键在于把握三点：重点突出，只抓关键点，不要事无巨细；条理清晰；与组织决定和领导的想法保持一致。

中层管理者善于总结就能提高和成长，在自己的积累沉淀上更上一层楼；善于汇报就可以获得更多机会的青睐，为拥有职业发展的坦途做好准备！

有很强的团队合作精神

“独行侠”在武侠小说中比比皆是：他们沉默地独来独往，将所有的问题都自己一肩挑，既不承担别人，也不让别人为自己承担。他们大多是顶天立地的孤胆英雄，拥有绝世无双的武功，但却注定成不了一呼百应、统率江湖的武林盟主。这是因为，一个独来独往的人，不可能和他人有良好的沟通，不可能和团队默契地合作，更不可能承担团队重任成长和发展的。

因此，我们可以下此断言：一个好的中层管理绝不是独行侠！被誉为日本“经营之神”的松下幸之助，就深深地知道，要想领导和管理好企业绝不能独来独往，他所做的一切，都必须为整个团队的成长负责，否则就顶多只是一个精于专业的技术员，永远无法成为一位真正的中层管理者。他不但是这样要求自己的，也同样这样要求自己企业中的中层管理者。有一个时期，松下幸之助预测到家用电器中大量使用小马达的时代即将到来，于是就委任非常优秀的研发人员中尾担任新产品研发部部长，负责研制小马达。中尾接受任务后，立即通宵达旦地研究起小马达来。有一次，松下幸之助正好经过中尾的实验室，看到中尾辛苦地工作，非但没有表扬他，而且狠狠地批评了他一顿。这是为什么呢？就连中尾自己也想不明白，非常委屈。可是松下幸之助这么做，却有着他的道理。

松下幸之助对中尾说："你是我最器重的研究人才，可是你的管理才能我实在不敢恭维。公司的规模已经相当大了，研究项目日益增多，你即使一天干 24 小时，也无论如何完不成那么多工作。所以作为研究部长，你的主要职责就是培养 10 个，甚至 100 个像你这样擅长研究的人，我相信你能做到。"从这番话里，我们可以清楚地看出领导者对中层管理者的要求，那就是中层管理者不能永远只埋头做自己的事情，更关键的在于他要学会做团队的指挥家，让团队中的每一个人，都知道该做什么，该如何做。后来松下公司不仅研究出了开放型的三相诱导型电动机，而且还挤垮了日本最大的电动机生产厂家——百川电机。百川的老总来找松下幸之助，他说："我是专门做马达的，你是做电器的，我做了一辈子马达，我有很多优秀的电机专家，可是你居然用三年时间就把我挤破产了。你推出的产品既比我的技术水平高，也比我的更受市场欢迎，你是从哪里招来的专家打败了我？"松下幸之助说："没有，我的所有专家全是内部员工！我只是把很多员工变成了专家。你有几十个优秀的专家，但却没有几百个优秀的员工，我正好相反！"松下幸之助的这番话中，蕴含了两层含义：第一，优秀的专家不等于优秀的中层管理者。优秀的专家只盯着自己的业务，淬炼自己的技术；而优秀的中层管理者要时刻着眼于团队，将团队中的每一个人都培养成栋梁之才。第二，优秀的中层管理者，不仅要起到领头羊的表率作用，更要起到指挥家的作用。优秀的中层必是手握指挥棒的领导，善于集合团队的力量，而不是一个人单打独斗。这其实就是松下幸之助检验一位中层管理者是否优秀的重要标准之一。

松下幸之助有这样一个观念：我们不做第一，但是要做比第一更快的第一。他为什么能做到这一点？就是因为他要求公司的中层，能够培养出两三个甚至几百个优秀的人才，集合团队的力量，这样才能在竞争中脱颖而出。让我们再回过头去品味上面所讲的这个故事：若中尾埋头研究自己的业务，以他的才华而论，成功研究出小马达是很容易做到的事。但他若只埋头于自己的业务，松下公司就永远不能在电机方面打败竞争对手，而只有疲于奔命。那么，作为中层的你，是愿意自己埋头苦干，还是愿意指挥团队作战呢？相信你定会毫不犹豫地选择后者。其实，我们的很多中层管理者，之所以觉得太累、太辛苦，就是因为在无形中，将自己放到了独行侠的位置上，不愿意和团队沟通。这是中层管理者在工作中最大的忌讳。那么，如何才能最好地发挥团队优势，创造团队合作精神呢？以下就是中层管理者在实际的日常管理工作中所要注意的几个原则：

（1）以人为本。不是以物为本或以财（钱）为本。只有以人为本，才能看到人的价值，充分发挥人的作用。

（2）团结和谐。不是内争内耗，一盘散沙。只有团结和谐，才能关系融洽，相互支持，相互帮助。

（3）同舟共济。不是同床异梦，貌合神离。只有同舟共济，才能同心同德，克服困难。团队出击，不是分心分力，孤立奋斗。只有团队出击，才能形成“气候”，竞争取胜。

（4）优势互补。不是优势越强，内耗越大。只有优势互补，才能充分利用资源，取得整体效能。

团队合作精神是现代企业应对许多机遇和挑战所十分必需的，缺少了这种团队合作精神，就会打败仗，吃大亏。只有把个人的力量融入群体的力量之中，才能获得强大的力量；只有把个体的利益融入群体的利益之中，才能获得真正的利益；只有把个体的权力融入群体的权力之中，才能获得广泛的权力；只有把个体的存在融入群体的存在之中，才能获得永恒的存在；只有把个体的发展融入群体的发展之中，才能获得不断的发展。作为中层管理者，一个团队的实际管理者，就必须要拥有这样的意识，并首先自我融入到团队之中，才会让团队的成员真正地融入到其中，让自己的团队成为一个战无不胜，充满战斗力的团队。

有主见，独立决策能力强

一说到决策，很多的人可能会自然而然地想到领导者，企业高层，并认为这是他们所应该做的事。事实上，对于中层管理者而言，也需要拥有很强的决策能力，因为他们在日常的管理工作中同样需要有所决策，只不过所决策的对象与领导、高层有所不同。他们是要对现在所做的事进行一个合理的判断，决定该怎么做，是不是应该继续做下去。而后者所决策的大的方向，是一个规划，诸如企业的经营战略目标、发展方向等。

对任何的一个企业来说，要想做好，无论是处于高层的领导者还是位于中层的管理者，都需要有着很好的决策能力，也只有两者都有着较强的决策能力，才能确保公司的战略、发展目标得以有效地执行。因为领导者的决策所得到的只是一个正确的方向，而管理者则是如何怎样才能让执行朝着正确方向前行。事实上，在企业的日常运营中，中层管理所需要面临决策的事情远远比高层要多，所说这些看起来只是在执行中出现的一些小的事情，但对企业的前途命运却起着关键性的作用。

美国管理学家认为：“企业的成功 80% 取决于决策者，仅有 20% 依靠下属。”有人曾经作过统计分析:“企业增加一个劳动力，可以取得 1 ∶ 1.5 的经济效果；增加一个技术人员，可以取得 1 ∶ 2.5 的经济效果；增加一个具有主见并有决策能力的领导管理者，则可取得 1 ∶ 6 的经济效果。”

事实上，能否有效地决策，并不只是涉及方法，关键还取决于决策者的品质。我们常常看到，面对同样的逆境和波折，同等的机遇和挑战，有的人决策英明，有的却愚蠢至极，原因即在于此。那么，作为中层管理者如何去提升自我的品质、修炼自我的决策能力呢？管理学家认为，应培养以下的一些品质。

1. 预见性

作为决策者，必须要具备的素质就是预见性。所谓预见性，就是在事情可能发生但还没有发生前，机遇可能会出现但还没有出现前，迅速调整战略以适应事物的发展态势，在合适的时候推出适合环境变化的战略。

2. 创新精神

决策是创造性活动，它总是以变革现状为出发点和归宿。因此，决策者要目光敏锐，有辨别分析的能力，能一针见血地看出问题的症结和本质；同时思路要开阔。如果决策者不善于发现问题或者安于现状，工作就很难开展，问题就难以得到妥善的解决，理所当然企业就难以有发展。由此可见，决策者要有一定的创新精神，如果思想保守，不敢承担责任，不敢冒风险，他所做出的决策，也只能是因循守旧、无所作为的决策，不可能解决实际问题的，让下属在执行的过程中更快更好朝正确的方向前行。

3. 决策能力

作为中层管理者，应该拥有果断的决策能力。这种能力是指决策者能发现其他实际或潜在竞争者不能发现的各种赢利的可能性，并通过自己的决策把这种可能性转化为现实性。换句话讲，能否通过自身的决策使企业连续赢利，是经营者能否成为一名优秀决策者的关键所在。例如，一家资产评估事务所对浙江正大青春宝集团总经理冯根生做出价值评估：他的贡献价值为2.8亿元，利润贡献价值为1.2亿元，其管理要素对效益的综合贡献率为15%～20%，现阶段为18%。在管理要素中，决策占50%的比例。

冯根生的决策贡献率在8%～10%。由此看来，决策者的决策能力对企业的发展起着极其重要的作用。

4. 决策基因

有人提出来，要成功地进行决策，还需要具备优良的决策基因。决策基因是由经验、知识、信息和思维方法整合出的逻辑整体。经验是决策者长期实践得出来的决策逻辑；知识是决策者理论学习得出来的决策逻辑；信息是决策者通过观察、沟通得到的信号；思维方法是决策者认识问题、分析问题的角度与线路。

决策基因是决策者"经营"决策的全部资产，其中经验犹如固定资产，可长期发挥作用；知识好比是递延资产，需要不断更新，它不像经验那样容易保值；信息则是流动资金，流动性越好、信息流越大，决策就越有质量；而思维方法是无形资产，它是前三种资产组合的黏结剂。

此外，决策者的性格特点也相当重要。作为一个中层管理者，必须善于同形形色色的人打交道，能够获得上级青睐，还得与下属打成一片，同时不忘与客户、供应商等建立良好的私人关系。

中层管理者四大必备能力

中层管理者是公司管理的中坚力量，也是公司普通员工的直接中层管理者。中层管理者除了具有管理职责、岗位职责以外，还起到员工与公司决策者上传下达的作用。如果中层管理者不能发挥其应有的作用。则会对公司的管理和决策的贯彻带来很大的阻碍。公司人力资源部门和决策层在选择中层管理者时，除了要了解候选人的岗位技能和人品以外，还要注意是否具备下述四个能力：智力能力、管理能力、人际交往能力和自我控制能力。

1. 智力能力

智力能力可分为概念化能力、判断力和逻辑思维能力三个方面。

概念化能力是指中层管理者能否看出表面上互不相干事件的内在联系，并从系统的角度进行分析。概念化能力有助于中层管理者把握全局，并能深入、系统地分析问题和解决问题。判断力是通过中层管理者对已知信息的处理，对事物发展趋势进行方向性把握的能力。判断力有助于中层管理者在进行部门规划和工作计划时，提高工作效率和准确度。逻辑思维能力是指中层管理者对一些事物进行的符合常理的判断。较强的逻辑思维能力有助于提高中层管理者实际工作行为的有效性。

2. 管理能力（见图 10）

图 10　管理能力进阶

管理能力可分为规划能力和行动能力。

规划能力是指充分调配现有资源制订达成工作目的计划的能力，中层管理者应该具有达成本部门工作目标的规划能力。行动能力是指在工作中采取积极主动的行动策略的能力。在实际工作中，很多事情在行动之前不可能进行 100%的充分的准备，这就需要中层经理能够在有很多不确定因素存在的情况下，对环境进行客观、正确的判断，并采取积极的行动。

3. 人际交往能力

人际交往能力可分为对上级的交往能力、平级的交往能力和对下属的交往能力。

对上级的交往主要是接受上级的任务和对任务向上级的反馈。平级的交往主要是部门协调及部门沟通。对下属的交往主要是布置工作任务及进行工作指导等。不论是对哪一级的交往，沟通的能力非常重要。中层管理者不但要能准确地领会对方表述的意图，还要能准确地把自己的意图表述给对方。

4. 自我控制能力

自我控制能力包括情绪控制能力、自我估计能力和环境适应能力。

对中层管理者而言，情绪化的语言和行为并不能解决工作中的任何问题，反而会让其他员工丧失对你的认同。所以，控制好自己的情绪，理智、客观地对待工作中的各种问题，就显得非常重要。自我估计能力的强弱体现出了中层管理者是否有自知之明，没有自知之明的中层管理者不可能是一个明智的中层管理者。由于职务或者工作环境的变动，中层管理者是否能够继续有效地进行工作，胜任自己的岗位，这体现了中层管理者适应能力的高低。

本章小结： 对应前一章基本原则，本章更多地从中层管理者的技能角度，提出在本职工作能力上的要求；中层管理者个人魅力有的时候要远胜于他的技巧，怎样在平时工作的一点一滴中，体现自己的魅力，履行好自己的本职工作，在潜移默化中让中层管理者认同到信服，是每个中层管理者都应该不断追求的品质。“己所不欲，勿施于人”，只有严格要求自己，掌握管理核心技能，思行合一，才能不断完善，成就自我修炼。